ÉXITO DE VENTAS EN NY TIMES, WALL STREET JOURNAL, BUSINESS WEEK Y AMAZON.COM

CÓMO TRANSFORMARSE EN

REGLAS PARA LLEGAR Y MANTENERTE EN LA CIMA DE LAS ORGANIZACIONES

EDICIÓN 2021

JEFFREY J. FOX

JEFFREY J. FOX

CÓMO TRANSFORMARSE EN *CEO*

Reglas para llegar y mantenerte en la cima de las organizaciones

Jeffrey J. Fox

CÓMO TRANSFORMARSE EN
CEO
Reglas para llegar y mantenerte en la cima de las organizaciones

Copyright @2021 Jeffrey J. Fox
Todos los derechos reservados.

Ninguna parte de este libro puede ser usado o reproducido de cualquier forma sin permiso del autor por escrito.
Publicado por Jeffrey J. Fox
Amazon Kindle Direct Publishing

Primera edición en inglés: Hyperion 1998
Título original: How to become CEO

Edición 2021
ISBN: **9798472039475**

Dedicado a Legh F. Knowles, Jr.

(1919-1997),
Presidente del directorio de Viñedos Beaulieu
Napa, California.

Músico, trompetista de la orquesta de Glenn Miller, vendedor insuperable, modelo perfecto de CEO, y mentor.

JEFFREY J. FOX

Incluso en los MBA de las mejores escuelas de negocios de posgrado encontrarán conocimientos esenciales y lecciones prácticas en COMO CONVERTIRSE EN CEO

JOHN QUELCH

EX PROFESOR DE MARKETING DE SEBASTIAN KRESGE EN HARVARD BUSINESS SCHOOL, DECANO DE LONDON BUSINESS SCHOOL. ES PROFESOR DE LA CÁTEDRA DE LA UNIVERSIDAD LEONARD M. MILLER, VICERRECTOR DE EDUCACIÓN EJECUTIVA Y DECANO DE MIAMI PATTI AND ALLAN HERBERT BUSINESS SCHOOL EN LA UNIVERSIDAD DE MIAMI. TAMBIÉN ES PROFESOR EMÉRITO CHARLES EDWARD WILSON DE ADMINISTRACIÓN DE EMPRESAS EN LA ESCUELA DE NEGOCIOS DE HARVARD Y DECANO EMÉRITO EN LA ESCUELA DE NEGOCIOS INTERNACIONALES DE CHINA EUROPA, SHANGHAI

En los últimos años, el puesto de director ejecutivo dentro de la típica empresa de alto perfil ha recibido más atención de los medios que nunca. El trabajo y el sueldo de un *CEO* pueden convertir rápidamente a un gerente de alto nivel relativamente desconocido en un poderoso líder empresarial internacional con estatus de celebridad. Pero ¿cómo es que esa gente tiene tanta suerte? ¿Cuál es su secreto? Los empleados y los recién graduados de todo el mundo se preguntan: ¿cómo puedo salir adelante? ¿Cómo puedo convertirme en *CEO*? Este libro tiene las respuestas.

En *Cómo transformarse en CEO*, el consultor Jeffrey J. Fox ha escrito una guía de características para desarrollar para todas las generaciones de aspirantes a *CEO*, o para cualquiera que quiera llegar a la cima en el mundo empresarial actual.

Ábralo en cualquier página y encuentre un consejo breve y provocativo, brutalmente honesto, escrito en un tono conversacional. Cada una de las setenta y cinco "reglas" se enfoca en una acción específica que debe tomarse, un rasgo que debe desarrollarse o una prohibición a seguir. Las palabras nunca y siempre se usan con frecuencia. Estos son mensajes comerciales inteligentes y sensatos que están destinados a ser revisados en tu ascenso a la cima.

Pero no pienses ni por un momento que este es un libro cínico. Más bien, es un idealismo terco que te permitirá desarrollar las cualidades que se requieren de los líderes: visión, perseverancia, integridad y respeto por los superiores, subordinados, compañeros y uno mismo.

Cualquiera que busque ascender en la escalera corporativa agradecerá los consejos directos y concisos de Fox, los elementos esenciales a seguir si deseas llegar y mantenerte en la cima.

Jeffrey J. Fox es el fundador de Fox Business Advisors, una empresa de consultoría de marketing de primer nivel en Connecticut, que presta servicios a más de sesenta empresas en las más variadas industrias.

Índice

Introducción 15
1 Busca y acepta siempre el trabajo que ofrezca mejor sueldo 17
2 Evita trabajos administrativos o de staff y busca los trabajos de línea 19
3 No esperes que el área de Recursos Humanos planifique tu carrera 21
4 Consigue y mantiene clientes 22
5 Mantente físicamente en forma 24
6 Haz actividades complicadas de forma individual 25
7 Nunca escribas comunicaciones desagradables ... 26
8 Piensa una hora todos los días 27
9 Conserva y utiliza "cuadernos de ideas" 28
10 No salgas a tomar alcohol con la gente del trabajo 29
11 No fumes 30
12 Evita las fiestas del trabajo 31

13 El viernes es un día para averiguar cómo les va a los demás 32
14 Haz aliados en los subordinados de tus colegas . 33
15 Conoce a todos por su primer nombre 34
16 Organiza visitas de reconocimiento a las áreas de trabajo 35
17 Haz una comunicación, una acción más 36
18 Comienza cuarenta y cinco minutos antes y finaliza quince minutos más tarde 37
19 No lleves trabajo a tu hogar 39
20 Recibe la invitación al club 40
21 Evita a tus superiores al viajar 42
22 Cena en la habitación de tu hotel 44
23 Trabaja, no leas diarios en el avión 46
24 Mantén un "archivo de personas" 47
25 Enviar notas escritas a mano 49
26 No desarrolles una amistad con tus superiores ... 51
27 No ocultes un elefante 52
28 Sé visible, "las conversaciones se las lleva el viento, los hechos quedan" 54

29 Siempre toma vacaciones 56

30 Di siempre "sí" a una propuesta de un directivo 58

31 Nunca sorprendas a tu jefe 59

32 Haz que tu jefe se luzca, y el jefe de tu jefe se luzca aún más 61

33 Nunca permitas que un buen directivo cometa un error 63

34 Ir a la biblioteca un día al mes 65

35 Agrega una actividad nueva a tu vida cada año....66

36 Estudia estos libros 68

37 Vístete para bailar 73

38 Invierte más en las personas 75

39 Paga salarios por encima del promedio del mercado 77

40 Detente, mira y escucha 79

41 Sé un patriota que iza las banderas 81

42 Encuentra y completa la falta de datos y de información 83

43 Trabaja en tu lista de tareas, ¡en tu HACER! 84

44 Nunca entrar en pánico y nunca te enojes y pierdas la calma 86

45 Aprende a hablar y escribir en forma clara y precisa 88

46 Trata a todas las personas como si fueran especiales 91

47 Sé un proveedor de reconocimiento en lugar de llevarte los créditos de los demás 93

48 Produce bonificaciones y beneficios no previstos en forma sorpresiva 95

49 Por favor, sé amable con todos 96

50 Diez expresiones que hacen que las personas se sientan bien, reconocidas y cuidadas 98

51 La gloria, los trofeos y el glamour son siempre posteriores a los resultados 100

52 Disfruta, motívate con los cambios, innova 102

53 Del apuro solo se obtienen dificultades 104

54 Pon tu energía en todo lo bueno que encuentres 106

55 Destaca la importancia en las ideas, no en el origen de la misma 108

56 Evita el chusmerío y los juegos de intrigas 110

57 Viste bien y sé saludable 112

58 Mira a un buen jefe como modelo, estudia a los grandes líderes 113

59 No te excedas del presupuesto 115

60 Nunca subestimes a un oponente 116

61 Ignora a los tóxicos con una sola frase 117

62 Hazte miembro del club "no debería haberlo hecho" 119

63 El concepto no tiene que ser perfecto, pero la ejecución sí 120

64 Registra y colecciona tus equivocaciones con orgullo 121

65 Vive el presente, planifica el futuro, y olvida el pasado 123

66 Diviértete, ríe 124

67 Trata a tu familia como a tu cliente más importante 125

68 Sin objetivos no hay gloria 127

69 Recuerda siempre los nombres y las fechas especiales de los cónyuges de tus subordinados 129

70 Percibe el trabajo a través de la mirada de los vendedores 131

71 Aprende a vender, trae clientes, vende, vende, vende.. 133

72 No construyas imperios 135

73 Impulsa productos, no documentos 136

74 Enseñar es aprender y liderar 138

75 No te dejes desalentar por los asesinos de ideas 140

Epílogo 143

Agradecimientos 145

JEFFREY J. FOX 147

Introducción

¿Por qué leer este libro?

Si adquiriste este libro, eres ambicioso. Si alguien te lo regaló, esa persona considera que eres ambicioso. Es bueno y saludable tener la ambición de mejorarse a sí mismo, de contribuir, de marcar una diferencia, de crecer profesionalmente, de tener más éxito o de convertirse en *CEO* de una organización. *CEO* es el acrónimo de *Chief Executive Officer*, máxima autoridad ejecutiva, también llamado presidente, gerente general, socio gerente, y títulos característicos como ser rector, pontífice, comandante en jefe, alcalde, entre otros títulos. Por encima tiene los accionistas, y por debajo todos los empleados y/o miembros de la organización. El *CEO* es la persona que tiene la responsabilidad estratégica de la operación y el futuro de la organización. Pero sea cual sea el título, el director general es el jefe. Si lo que quieres es convertirte en el jefe, este libro te ayudará.

Hay innumerables factores que influyen en el camino hacia el trabajo del *CEO*, la suerte, el momento oportuno, la competencia, la personalidad, los seguidores, el talento, las circunstancias, ¡los resultados!, etc. Este libro te ayudará a mejorar tus hábitos de trabajo, influir en las probabilidades, influir en el tiempo, superar a la competencia y utilizar hábilmente tu talento.

Este es un libro de consejos y recomendaciones. Las ideas se basan en las realidades de empresas y organizaciones. Las ideas de este libro no forman parte de ningún plan de estudios de MBA. Son conceptos claros, contundentes, francos, generalmente sin prejuicios y fáciles de leer, digerir y ¡**hacer**!

Muchas de las recomendaciones se expresan en forma de regla o mandamiento. Esto se debe a que lo que está escrito es como son..., no como deberían ser. Aunque el contenido del libro está destinado a ayudarte a progresar en una empresa, las observaciones y los consejos a menudo también se aplican a tu vida y actividades no laborales.

La forma más segura de convertirse en presidente o director ejecutivo de una corporación es comprar una empresa o iniciar una empresa. Si planeas hacer tu carrera en una gran corporación, este libro te ayudará. Por supuesto, si prefieres dirigir tu propio negocio, este libro también te ayudará.

Estoy interesado en tus comentarios, pensamientos, y ejemplos que hayas observado. Con gusto puedes escribirme y contactarme por LinkedIn. ¡Gracias!

Jeffrey J. Fox

1 Busca y acepta siempre el trabajo que ofrezca mejor sueldo

Una vez que yas decidido lo que quieres hacer, ya sea servicios financieros y/o bancarios, publicidad, fabricación o cualquier otra cosa, elige trabajar para la empresa que te ofrezca mejor remuneración. Si tienes que decidir qué tipo de carrera o industria te gusta más, elije el trabajo mejor pago. Si estás en una corporación, acepta siempre el traslado, promoción o asignación que produzca el mejor ingreso.

Hay varias razones importantes por las que hay que elegir por el dinero. Primero, todos tus beneficios, premios, bonificaciones y aumentos posteriores se basarán en tu salario. Las corporaciones producen todas las compensaciones adicionales en porcentajes. Por lo tanto, un aumento del 10 por ciento de un salario de $ 22,000 es $ 200 mejor que el mismo aumento en un salario de $ 20,000.

En segundo lugar, cuanto mejor sea tu sueldo, más visible serás para la alta dirección.

En tercer lugar, cuanto más dinero te paguen, más contribución y valor se esperará de ti. Esto significa que se te otorgarán más responsabilidades, tareas y problemas para resolver. Y la oportunidad de un buen desempeño es una invitación al éxito.

Cuarto, si dos personas son candidatas para un ascenso a una posición que paga $100,000, y una persona gana $ 60,000 y la otra $ 80,000, la persona de mayor salario actual siempre obtiene la promoción. La persona con mayores ingresos obtiene el ascenso independientemente del talento, la contribución o cualquier otra cosa. Las corporaciones generalmente eligen el camino más fácil, y es más fácil promover a quienes tienen salarios más altos que aquellos con salarios bajos.[1]

Finalmente, en los negocios, el dinero es el resultado de tus acciones. Cuanto más ganes, más resultados producirás. Así de simple.

---

[1] Promocionar a la persona de salario más alto es la elección de menor resistencia en la mayoría de las organizaciones. Alguien aprobó la remuneración de esa persona y otros estuvieron de acuerdo. Saltear por encima de esa persona afecta la imagen del sponsor de esa persona también. Y los sponsors ganan más todavía, por lo cual ascender a los mejores salarios es estar sincronizado con la alta gerencia.

2 Evita trabajos administrativos o de staff y busca los trabajos de línea

Los trabajos de línea son los generan dinero para tu empresa. Los trabajos de línea generan los ingresos o tienen un impacto directo con las pérdidas y ganancias.

La diferencia entre línea y staff es a veces confusa en las corporaciones, pero es en los trabajos de línea donde está la acción.

Los trabajos de línea incluyen vendedores, gerentes de ventas, gerentes de producto, gerentes de planta, directores de marketing, supervisores y gerentes generales. Los trabajos de staff incluyen abogados, personal de sistemas y procesamiento de datos, científicos de investigación y desarrollo y, los administradores de todo tipo. Los trabajos de línea ayudan directamente a la empresa a conseguir y mantener clientes. Los trabajos que no obtienen y mantienen esos clientes son redundantes.

En la mayoría de las empresas, la mayoría de las personas se encuentran en la administración o en el área comercial. La gente administrativa no está a la vanguardia. La empresa no depende de ellos.

Acepta un trabajo de staff solo si es claramente temporal, un trampolín y si paga más dinero.

Asegúrate de saber cuáles son los trabajos de línea y de staff en tu empresa. Asegúrate de tener el correcto.

3 No esperes que el área de Recursos Humanos planifique tu carrera

Sorprendentemente, muchos gerentes piensan que el departamento de personal (también conocido como recursos humanos) supuestamente debe desarrollar su trayectoria profesional. Piensan que las empresas tienen un gran plan para ellos. Algunos gerentes piensan que hay algún tipo de escala predeterminada de pasos, como en el ejército o en el departamento de policía. Un joven gerente realiza una capacitación básica y la corporación omnisciente lo promueve al siguiente nivel en la pirámide.

No funciona de esta manera.

Las corporaciones no tienen planes de carrera para futuros directivos. No es probable que los tengan para alguien. El destino y el crecimiento de tu carrera son responsabilidad tuya, de nadie más. Tienes que saber lo que quieres. Tienes que diseñar el plan para llegar allí. Debes determinar qué habilidades y experiencia funcional se necesitan para llegar a la cima en tu empresa. Tu responsabilidad es adquirir esa experiencia.

4 Consigue y mantiene clientes

Los clientes son el alma de toda empresa. Todo el mundo debería saber esto. Todo el mundo dice "el cliente es el rey" y "trabajamos para el cliente" y "el cliente es el verdadero jefe". Pero muy pocos empleados en una corporación hacen algo para demostrar que creen en esto. Por lo general, cuanto más asciende un ejecutivo, y cuanto más grande es la empresa, menor es el contacto con los clientes actuales y futuros.

Los ejecutivos reorganizan empresas, eliminan puestos de trabajo y justifican el caos diciendo que están "dos o tres niveles más cerca del cliente". ¡Es bla ese comentario! No existen barreras entre cada persona en la corporación y los clientes.

¿Por qué tan poca gente trabaja realmente para conseguir y mantener clientes? Porque tratar con los clientes es complicado. Los clientes rechazan a los vendedores, negocian, hacen demandas duras, esperan que se satisfagan sus necesidades y pueden ser cambiantes. Además, ocuparse de las tareas administrativas es una tarea más fácil, impersonal y segura.

Hay que dedicarse siempre a tratar con los clientes de hoy y los de mañana. Son ellos quienes proporcionan ideas para nuevos productos y nuevas aplicaciones que los ayuden en sus necesidades. Proporcionan señales de alerta temprana sobre la calidad y logística de tus productos. Conocen a tu competencia. Conocer a tus clientes es conocer tu futuro.

Cuando suena el teléfono, o alguien escribe un comentario en las redes sociales, doce personas deben lanzarse inmediatamente para contestar.

Los clientes son de hecho el rey. Y el futuro *CEO* comprende que el cliente también es el "hacedor de reyes".

5 Mantente físicamente en forma

Tu cerebro te hará ganar dinero, pero tu cuerpo es el hogar de tu cerebro. Cuanto mejor sea tu condición física, mayor será tu capacidad de trabajo productivo e implacable.

Y estar en buen estado físico te da otra ventaja. El noventa por ciento de todas las personas que ascienden en la escala corporativa están fuera de forma. Podrás comenzar tu trabajo antes, hacer pausas con menos frecuencia y terminar el día con un buen impulso y motivado. También dormirás mejor. Estarás enérgico y raras veces te cansarás. Tu estado de ánimo será bueno y evitarás todo tipo de depresiones.

Tendrás la energía y la motivación para, por la noche y los fines de semana, entrenar fútbol, asistir al teatro, realizar actividades de voluntariado.

La manera en que te mantienes en forma depende de ti. Recordemos que cuánto mejor te veas, más energía positiva atraerás.

6 Haz actividades complicadas de forma individual

Practica regularmente actividades espartanas e individualistas. Haz algo que sepas que muy pocas personas están dispuestas a hacer. Esto te dará una sensación de dureza, cierto auto elitismo. Te prepararás mentalmente para la batalla de los negocios.

Algo que es difícil y solitario es estudiar hasta tarde en la noche para obtener un título de posgrado, especialmente en invierno, cuando todos los demás duermen. O correr distancias largas y lentas temprano en la mañana (en lugar de trotar a la hora del almuerzo con una multitud).

Corta leña, escribe libros, trabaja en el jardín, lee libros clásicos, pero hazlo en soledad.

Todos los grandes y exitosos atletas recuerdan las interminables horas de trabajo aparentemente sin recompensa. También lo hacen los *CEOs* corporativos.

7 Nunca escribas comunicaciones desagradables

Nunca escribas una comunicación, privada o pública, que critique, menosprecie, degrade o hiera a un colega. Nunca escribas un email que sea cínico, condescendiente o cruel. Nunca envíes una nota escrita con furia o frustración.

El mundo de los negocios es muy pequeño. Las personas ascienden, cambian de empresa, cambian de trabajo, tienen amigos poderosos y hacen todo esto en todo el mundo y a lo largo de toda su trayectoria profesional. Las empresas se fusionan, adquieren y son adquiridas. Tu enemigo creado por ti mismo podría aparecer en cualquier lugar.

Nunca le des a un rival de la empresa un motivo para pelear. Gasta tu energía en cosas positivas.

8 Piensa una hora todos los días

Destina una hora completa todos los días haciendo planes, soñando, maquinando, pensando y calculando. Revisa tus metas. Considera opciones. Reflexiona sobre los problemas. Anota ideas. Practica mentalmente una acción de ventas o una gran presentación. Descubre cómo hacer las cosas. Fortalece tu mente.

Haz esto todos los días. Hazlo a una hora programada, cómodamente, en un escritorio o mesa de trabajo. No lo hagas mientras conduces o corres. No lo hagas mientras te afeitas o te duchas. No planees este tipo de pensamiento en el trabajo; con seguridad habrá interrupciones. No hagas esto como una actividad secundaria para llenar el tiempo, que sea una actividad principal en tu día.

Lleva notas escritas en un "cuaderno de ideas" para que puedas leerlas y mejorarlas en todo momento.

9 Conserva y utiliza "cuadernos de ideas"

Compra un modelo de cuaderno que te guste. Guárdelo en un lugar, en un cajón del escritorio o al costado de una mesa de lectura, y déjalo allí. Escribe todas tus ideas, planes, metas y sueños.

Utiliza este cuaderno como fuente para tus listas de tareas pendientes anuales, mensuales, semanales y diarias.

Las buenas ideas siempre tienen su momento.

Cuando sea el momento oportuno, ponte en acción y agrega tareas a tus listas de "tareas pendientes".

10 No salgas a tomar alcohol con la gente del trabajo

No tomes una copa con la gente del trabajo después del trabajo. Es una pérdida de tiempo y dinero. Toma una copa con tu cónyuge o con amigos.

No bebas alcohol en el almuerzo. Mejor, no almuerces. Dedica ese momento a un deporte, a tu familia, o trabaja.

Cuando estés de viaje en reuniones de ventas, conferencias o una reunión con tus directivos, no vayas al cóctel previo a la cena. En su lugar, sal a correr o a nadar. Toma un sauna, una ducha y vístete elegante para la cena.

Nunca te pases de alcohol produciendo un estado de ebriedad con alguien relacionado a tu empresa. Es un signo de debilidad. Es mostrar que estás fuera de control.

11 No fumes

Nada bueno ocurre con las personas que te rodean cuando fumas cigarrillos. Corres un gran riesgo de ofender a un no fumador que puede ayudar o perjudicar tu carrera. Incluso a muchos fumadores les disgusta el humo, las cenizas, las colillas, el cenicero sucio y el olor de los fumadores.

Además de todos los argumentos bien conocidos y publicitados contra el tabaquismo, existen otras razones de negocios específicas para no hacerlo. Fumar es una pérdida de tiempo. Fumar es un interés egocéntrico. Para salir adelante en los negocios hay que pensar en los demás, en sus necesidades y deseos, no en los tuyos. Fumar es un obstáculo.

Los fumadores de cigarrillos están, o parecen estar en control, pero no lo están. Los ganadores en los negocios tienen el control.

Fumar puros puede ser algo único y especial. . . si estás solo o con amigos. Fumar un cigarro caro con un jefe corporativo es un error. El alto directivo lo verá como pomposo, engreído, como si tuvieras o gastaras demasiado dinero. Si el jefe te regala un puro de celebración, guárdalo. Probablemente aún no te hayas ganado el derecho a fumar un cigarro de la victoria.

12 Evita las fiestas del trabajo

No existen las "fiestas de oficina". No son acontecimientos sociales. Es parte del trabajo. Nunca festejes en una fiesta de oficina. No te hará daño no ir en absoluto. No ofendas a la gente criticando la fiesta o anunciando públicamente tus intenciones. Simplemente no vayas. Ofrece excusas educadas.

Nunca vayas a un picnic de la empresa si no puedes llevar a tu cónyuge. Un almuerzo en una estancia sin cónyuge es un problema. Ir, es correr el riesgo de ser difamado por el comportamiento de otros.

Si la regla no escrita es "debes asistir o se ofenderán", entonces ve, y bebe solo gaseosas o jugos. No te quedes más de cuarenta y cinco minutos. Agradécele al jefe por invitarte y retírate. Si alguien te pregunta a dónde vas, dile a esa persona que te vas a reunir con tu cónyuge, padres, prometida, médico, profesor de música o familiares.

Se supone que las fiestas son divertidas y se disfrutan con amigos. Presta atención al viejo axioma: "no mezclar negocios con placer".

13 El viernes es un día para averiguar cómo les va a los demás

Todos los viernes, lleva a almorzar a una de las personas que sean importante para tu trayectoria profesional y pregúntale: "¿cómo estás?". Suelen ser personas que no pertenecen a tu área. Son engranajes importantes de la máquina: personas que te ayudan a hacer tu trabajo. Si estás en ventas, probablemente sea una secretaria del gerente de ventas, o la persona que calcula las cuotas, o alguien que fija los precios. Si estás en marketing, puede ser alguien en la fabricación, o de investigación y desarrollo, o en cualquier lugar. Siempre hay alguien interesante para tu carrera.

Si no sabes a quién necesitas, averigua. Los negocios son como una máquina. Cada parte debe funcionar. Cada parte debe acoplarse a otras. Cada parte necesita mantenimiento. Averigua a quién necesitas, sin importar el cargo que tengan en la organización, y hazle saber que los necesitas y los aprecias.

Haz un buen aliado en tu empresa todos los meses.

14 Haz aliados en los subordinados de tus colegas

Tus colegas pueden ser rivales por tu próximo ascenso. El apoyo de los compañeros de equipo de tus colegas es importante. El apoyo que te brinden te ayudará a hacer tu trabajo incluso si tu colega, deliberada o involuntariamente, actúa para no ayudarte.

Si tu colega habla bien de ti, su equipo se sentirá bien porque ya piensa lo mismo. Si tu compañero habla mal de ti, su gente desconfiará de tu colega, o pensará menos de él, todo porque te aprecian.

15 Conoce a todos por su primer nombre

Para la mayoría de las personas, no hay mejor reconocimiento que se refieran a ellos por su nombre, y que su nombre sea recordado y pronunciado correctamente.

Aprende el nombre completo de todos y conoce algo sobre ellos. Descubre lo que hacen y por qué su trabajo es importante. Si aprendes eso, y lo aprendes con sinceridad, y la gente sabe que tú los conoces, tendrás éxito.

Una muy buena técnica es llevar a los visitantes (clientes, candidatos a trabajo, amigos) en un recorrido por la oficina o la planta. Preséntalos a la gente indicando su nombre, y diciéndole al visitante qué es lo que hacen estas personas y por qué son importantes para la corporación.

Tus compañeros de trabajo apreciarán el reconocimiento y se sentirán halagados de que hayas invertido la energía para reconocer y valorar quiénes son y lo que hacen.

16 Organiza visitas de reconocimiento a las áreas de trabajo

De vez en cuando consigue que los directivos hagan un recorrido y visiten el área de trabajo. Antes del recorrido, arma una tarjeta de recordatorio de cada persona. En la tarjeta, escribe un informe corto de una o dos renglones de algún logro o contribución, comercial o personal, que hizo cada persona. Utiliza las tarjetas como "ayuda memoria" para revisar junto a los directivos, de modo que ellos puedan agradecer y felicitar a cada persona de manera personal y específica.

Todo el mundo gana en una visita de los directivos. Los ejecutivos disfrutarán de la retroalimentación positiva natural de tu gente y estarán más informado. A su vez, la gente le encantará el reconocimiento y estarán más motivados sabiendo que son apreciados. Te verás muy bien. Todos ganan y para ti es un gran logro.

No dejes que nadie de la empresa sepa que tú planeas y organizas estas visitas. Logra que sean un hábito dentro de tus habilidades.

17 Haz una comunicación, una acción más

Ted Williams y Joe DiMaggio, dos de los mejores bateadores en la historia del béisbol, cada uno practicaba durante más tiempo que todos sus compañeros de equipo juntos. Alexander Graham Bell necesitó más de mil experimentos para crear un prototipo de teléfono comercialmente viable.

La diferencia entre la persona exitosa y el promedio es centímetros. Dos milímetros o dos décimas de segundo pueden parecer poco, pero para un atleta es la diferencia para llegar a la gloria. Un "extra" más produce resultados "extraordinarios". El vendedor que hace una acción de ventas más, el redactor que hace un borrador más, el carpintero que clava una tabla más, el investigador de mercado que hace una entrevista más, será el mejor.

18 Comienza cuarenta y cinco minutos antes y finaliza quince minutos más tarde

Si quieres ser el primero en tu empresa, comienza a practicar siendo el primero en el trabajo. Las personas que llegan tarde al trabajo no les gusta o no están entusiasmados por sus actividades... Al menos eso es lo que generalmente piensan los directivos. La gente no llega doce minutos tarde al cine. Y llegar temprano siempre te da una ventaja psicológica sobre los demás en tu empresa.

No te quedes en la oficina hasta las diez de la noche. Estás enviando una señal de que no puedes seguir el ritmo o de que en tu vida personal tienes inconvenientes. En su lugar, finaliza quince minutos tarde. En esos quince minutos organiza tu próximo día y limpia tu escritorio. De todos modos, te irás después del 95 por ciento de los empleados que se van a horario, por lo que tu reputación como trabajador se mantendrá intacta.

Hay demasiadas ocasiones en tu carrera en las que circunstancias como los horarios de las aerolíneas y las reuniones de ventas y los cierres de fin de año te mantendrán fuera de casa hasta tarde. Dale más tiempo a tu familia.

Además, cuarenta y cinco minutos antes y quince minutos tarde es una hora al día. Eso es doscientas cincuenta horas al año, es un mes y medio de trabajo. Podrás progresar rápidamente y producir más resultados trabajando más de un mes al año.

19 No lleves trabajo a tu hogar

El tiempo que estas en tu hogar es para estar conectado a tu familia, estudiar, planificar, expandir tus intereses y compartir actividades con tus hijos. Si siempre tienes que llevar trabajo a casa, es porque: (a) no estás administrando bien tu tiempo; (b) estás aburrido; (c) desperdicias tu valioso tiempo personal; y (d) todo lo anterior.

Había un ejecutivo de publicidad muy ocupado y exitoso que siempre llevaba a su casa toneladas de trabajo. Su hija en edad de escuela primaria, notando todo el trabajo extra que su padre se sentía obligado a hacer, le preguntó inocentemente: "¿papi, tal vez traes tanto trabajo a casa pues perteneces al grupo de los más lentos?"

Es común que los ejecutivos se lleven el trabajo a casa. Es más una actividad para leer comunicaciones, documentos y revisar estrategias en la comodidad del hogar, pero a excepción de la lectura, nunca se realiza ningún trabajo real. Los directivos pueden observar que no te llevas trabajo a casa (aunque lleves siempre tu mochila con la computadora) y decidan darte más proyectos y responsabilidades. Y eso es bueno.

20 Recibe la invitación al club

En toda corporación hay, en la parte superior, una cosa nostra, un grupo o comunidad especial. Este es el grupo que finalmente decide quién se convierte en *CEO* y durante cuánto tiempo estará en el cargo. Debes ser invitado a este grupo interno. No puedes simplemente abrirte camino o ganarte la entrada con contribuciones sobresalientes. Debes tener más que talento. Tienes que adquirir las mismas credenciales que caracterizan a los del club interno.

Estas características suelen ser diferentes en cada empresa. En algunas corporaciones, todas las personas principales son vendedores al principio de sus carreras, o trabajaban en la misma área, o están allí "al principio", o son de la alta sociedad, o son miembros y amigos de la familia fundadora.

Descubre quién está en ese círculo interno. Descubre qué los une en ese club. Determina las credenciales necesarias. Si las credenciales son imposibles de adquirir, juzga si pudiesen aceptar a un invitado "de afuera" (a menudo lo hacen). Si nunca puedes obtener las credenciales, busca otra corporación donde sí puedas.

Si los principales ejecutivos del banco son todos exoficiales de préstamos, asegúrate de cumplir un tiempo en esa división préstamos. Si todos en la suite ejecutiva son ingenieros, será mejor que tú seas ingeniero o tengas estudios relacionados. Si las personas principales alguna vez fueron vendedores, mejor seas comercial.

Puedes convertirse en *CEO* de la organización sin que te inviten a club, pero no durarás. Serás reemplazado en tres a cinco años por un directivo que sí es del club, un gran accionista o por decisión de la junta directiva.

21 Evita a tus superiores al viajar

La mayoría de las personas que se esfuerzan por ascender en la escalera corporativa aprovechan la oportunidad de viajar con los principales ejecutivos de la empresa. Piensan que comentarles, al *CEO* o al ejecutivo o quien sea, los detalles del éxito de su último proyecto y mostrar lo brillantes que son, es el camino hacia la cima.

No lo hagas.

Los directivos exitosos juzgan a la gente por los resultados, no por una conversación inteligente. Ellos también están muy ocupados y, a menos que estén trabajando en uno de tus proyectos, después de diez minutos, quieren dedicar su tiempo a cualquier cosa menos a ti.

Deberías dedicar tu tiempo de viaje a trabajar. El tiempo en avión es tiempo de trabajo, así que vuela solo. Si viajas con un ejecutivo corporativo de alto nivel y pasas todo el tiempo trabajando (como debes hacerlo), él o ella podrían muy bien pensar que lo estás haciendo para el beneficio de la empresa. Si ellos duermen la siesta o leen la revista de la aerolínea, e incluso se sienten un poco inseguros, tu cercanía los hará sentirse invadidos y los inquietará. Si debes volar en el mismo avión, siéntate en una sección diferente, nunca asientos contiguos. De ser probable siéntate asientos por delante, así el directivo no se siente observado. Estas consideraciones también se utilizan en los viajes de larga duración con los clientes.

El tiempo de hotel también es tiempo de trabajo. Si viajas con superiores, es posible que se sientan obligados a invitarte a cenar. Si no lo hacen, te puedes sentir menospreciado. Siempre indica que prefieres trabajar y comer en tu habitación, y deja que tus directivos organicen las actividades. También puede ser que ellos quieran conocerte mejor. Los viajes son de negocios y de trabajo.

22 Cena en la habitación de tu hotel

Debido a que viajas solo y a que pasas todo el día junto a los clientes o en otros asuntos de la empresa, es justo tener las noches libres. (Si tienes cenas de negocios, asegúrate de hacer negocios. Ten un objetivo para la cena y trabaja para lograrlo). Pasa las noches fuera de casa, de la familia y de los amigos, trabajando. Cena en tu habitación. Termina las tareas. Termina tus informes, lee trabajos de investigación, escribe notas, revisa tu correo electrónico, lleva diariamente tu informe de expensas de gastos (¡no las dejes para el último día!).

Cenar en tu habitación te ahorra tiempo y dinero. Fortalece tu individualidad. Estira tu jornada laboral y amplía tu oficina. Distribuye tus proyectos, acompáñate con un partido de fútbol, o con una película, pide una botella de vino con la cena (te recomiendo Cabernet Sauvignon de Beaulieu Vineyard si estás en Estados Unidos) y finaliza tus tareas pendientes.

Desayuna en tu habitación. Organiza bien tus horarios. Levántate temprano, verifica a qué hora abren el gimnasio y la pileta del hotel y haz ejercicios, mantente en forma, vístete para negocios y empieza a trabajar. No pierdas el tiempo en la cola del desayuno con un centenar de personas. No leas el periódico local más de un minuto para ver los principales titulares. Mira bien la diferencia de horarios, llama a tus clientes que están en horarios avanzados. Planifica tu día. Establece tus objetivos diarios. Escribe tus correos y mensajes electrónicos. Finaliza tareas.

Si tienes un desayuno de trabajo (y estas son las mejores reuniones) ten un objetivo y una agenda, y trabaja para lograrlo.

23 Trabaja, no leas diarios en el avión

Viajar en avión es difícil. Está abarrotado y hay poco espacio. Las llamadas telefónicas son raras en un avión. Nadie te molestará. Planifica tu trabajo de acuerdo con el tiempo en vuelo.

Lleva el trabajo bien organizado en un avión. Lleva una computadora de 13 o 14 pulgadas, no mayor, asegúrate de tener cargadas las baterías de tus dispositivos. Lleva sobres grandes pre-sellados para enviar documentos a tu oficina en caso de ser necesario. Lleva varios sobres, organiza tus tickets de expenses, organiza tus notas escritas a mano en un cuaderno o agenda de notas.

Ten un objetivo de trabajo específico para cada viaje.

24 Mantén un "archivo de personas"

Organiza bien tu computadora portátil. Desde el primer día en el trabajo, comienza a mantener información en distintos directorios de todas las personas que conoces y con quienes trabajas. Asegúrate de tener notas de lo que hace la gente: gerente de recursos humanos, gerente de marca, proveedor de impresión, escritor independiente. Establece el contacto por LinkedIn, estudia sus perfiles, usa notas en tu libreta de direcciones, ya que las personas cambian de trabajo y de email y de número constantemente.

Cada seis meses envía una comunicación a las personas que no ves con regularidad: compañeros de universidad, excolegas, clientes, etc. Siempre pide a la gente su tarjeta de negocios; inevitablemente te pedirán la tuya. En caso de no usar tarjetas, usa LinkedIn y lleva notas en tu computadora, envíales un email de saludo. Ahora estás en su archivo y ellos en el tuyo. Guarda una copia de seguridad de tu "archivo de personas" en un lugar seguro. Utiliza este archivo durante toda tu carrera profesional.

Un colega tiene en su computadora portátil los emails y comunicaciones de los últimos 25 años, han sido de gran utilidad para mantener vínculos con numerosos clientes recordando fechas y eventos.

Haz las tares de "vinculación de personas". Nadie más lo hará de la misma manera. Invierte en las personas (consulta el capítulo 38).

25 Enviar notas escritas a mano

La comunicación impersonal es invasiva. Hay correos de todo tipo, correo electrónico, correo basura, correo de voz, programas de comunicación instantánea, redes sociales, agentes virtuales, cajeros automáticos, puertas de automóviles que hablan, llamadas de despertador con distintas voces, asistentes hogareños, dependemos de los dispositivos móviles, teléfonos, tabletas, computadoras, y accesorios de todo tipo y color desde que nos despertamos a la hora que nos acostamos. Los mensajes de felicitación están prescritos para ti, la gente usa emojis para abreviar mensajes, nadie compone sus propias tarjetas de San Valentín "las rosas son rojas, las violetas son azules, y los emojis de todos los colores".

Escribe tarjetas escritas a mano. Son algo distinto en el mundo digital. Te diferenciarán, te darán prestigio como una persona de modales y amable. Son personales, muestran tu atención y nunca pasan de moda.

Hay un sinfín de ocasiones que justifican una nota escrita a mano: gracias, elogios, felicitaciones, arrepentimientos, "para tu información", "pensé que te gustaría saber", "tu presentación fue simplemente genial" y "tu comida / asado / postre / torta fue increíble".

Ve a una buena librería. Busca sobres y tarjetas de calidad excepcional... escribe tu nombre en las tarjetas y tu dirección en los sobres. Ten preparadas tarjetas en tu escritorio y lleva algunas en tu mochila con tu computadora.

Envía o entrega personalmente una tarjeta escrita a mano a la semana... Para principiantes.

26 No desarrolles una amistad con tus superiores

Tú y tus superiores son socios comerciales. No son amigos. Hay una línea necesaria de separación entre ustedes. No la cruces parar ser un amigo-compañero. No dejes que tus superiores acorten distancias tampoco. Mucha gente piensa que hacerse amigo personal de directivos es inteligente y trabajan en ello. Idean reuniones, buscan invitaciones a las mismas fiestas, se unen a los mismos clubes de golf y todo lo demás. Ésta no es la base para una carrera exitosa. Es una sustitución del talento. Y es obvio.

Conoce muy bien a tu jefe y a sus jefes. Conoce sus problemas, planes, personalidades, idiosincrasias, debilidades, fortalezas y todo lo demás. Siempre estate predispuesto para ayudar, tanto en los negocios como personalmente. Pero no cruces la línea de la amistad. Podrás hacerte amigo más tarde cuando estén en diferentes empresas.

Lo mismo ocurre con tus subordinados.

27 No ocultes un elefante

Los grandes problemas siempre surgen. Si se han ocultado, incluso sin querer, las consecuencias negativas son siempre peores.

La gente que "esconde" problemas siempre se quema, independientemente de su complicidad. Los "descubridores" siempre están a salvo, independientemente de su complicidad también. Cuando sepa que hay un problema, una equivocación, un error y que es importante, infórmalo a tus supervisores y colegas de inmediato. Mientras más esperes, más aumentarás la gravedad del problema.

Siempre acompaña la noticia con una propuesta de solución.

Puedes convertir un gran problema en una oportunidad para brillar. Define y explica el problema con prudencia. Estima el impacto potencial. Describe posibles escenarios. Sugiere algunas opciones de solución. Pide ayuda. Esto es importante. También es muy importante posicionarse como un informante independiente, en control. Describe el problema y trátalo como si no estuvieras previamente involucrado. Desenreda los nudos.

Las guerras y las quiebras comerciales sorpresivas son elefantes clásicos, aparentemente bien escondidos, que fueron mal administrados y produjeron resultados desastrosos. Un ejemplo de todo esto es la caída de Enron y Arthur Andersen. Cada elefante creció con las hormonas del pánico y el engaño, y muchas veces en la complicidad y la corrupción. Los "comités de crisis" eran como grupos de niños tratando de salvar los castillos de arena de la marea. Sin embargo, ten en cuenta cómo líderes mundiales manejaron grandes crisis. De manera preventiva, públicamente, en la televisión y en todos los medios de comunicación: "es mi culpa, lo arruinamos, ¿alguna pregunta?". Los líderes, los hacedores de lluvia, los Rainmakers, quienes acercan soluciones, nunca esconden elefantes, siempre salen ilesos, en general fortalecidos.

28 Sé visible, "las conversaciones se las lleva el viento, los hechos quedan"

Siempre haz público tus proyectos y resultados dentro de la corporación. Hazlo trabajando en proyectos que sean visibles o que sean proyectos favoritos de personas mayores. Pregúntale a la gente cuáles son los grandes problemas. Piensa en ellos. Trabaja en soluciones. Pruébalos. Redacta tus propuestas y difunde tus ideas.

Escribe libros, las conversaciones se olvidan, los libros quedan por siempre.

No hables de lo bueno que eres. Demuéstralo con acciones concretas una y otra vez. Recuerda que las palabras se las lleva el viento si no se escriben y se comparten. Concéntrate en el "Hacer", no te distraigas por cómo son las personas, si son de tu agrado o no, ten tu dedicación en las acciones que haces.

Ted Levitt, un gran economista, profesor de la universidad de Harvard y editor de la prestigiosa publicación Harvard Business Review escribió que "la creatividad sin implementación es irresponsabilidad". En muchas organizaciones, donde la innovación nunca ocurre, todo el mundo habla, pero pocos hacen. Las ideas no son nada sin ejecución. La innovación produce patentes y trasciende. Todavía sigo viendo empresas que se creen innovadoras durante décadas, y cuando uno ve su hacer, no han producido ningún producto con derechos de propiedad intelectual, solamente han trabajado.

Son tan pocas las personas en una corporación que transforman ideas en acciones concretas que, aquel que produce y se vuelve visible, a menudo, se busca que tenga más responsabilidades y crezca.

Elige tus momentos y acciones para brillar. Las presentaciones a los directivos, ser instructor de una clase de capacitación y hablar ante la gente de ventas son foros de mucha visibilidad. Busca las oportunidades y trabaja con dedicación, profundidad y claridad para preparar presentaciones sobresalientes.

29 Siempre toma vacaciones

El ejecutivo que se jacta de que nunca se va de vacaciones es un tonto o un mal líder. Debes poder organizar tus equipos, trabajo o área de responsabilidad para que pueda funcionar sin ti. De lo contrario, no podrás viajar para ver clientes y crecer.

Hay varias razones profesionales para tomar vacaciones. Primero de todo, cuida tu familia y amigos, y comparte tiempo con ellos, caso contrario crecer no tiene sentido.

Si vas a los lugares correctos, aumentarás tus posibilidades de conocer personas que tienen el potencial de ayudarte. Es una ocasión para observar otras culturas, nuevas modas y tendencias, diferentes formas de hacer negocios y, literalmente, ampliar tus horizontes. Es el momento de escribir un libro o practicar la fotografía o degustar los risottos de la Toscana. Es un momento para pensar y planificar. Y, aunque parezca algo para no destacar, planear unas vacaciones te obliga a trabajar en forma increíblemente eficiente antes de irte y dejando tareas, proyectos y desafíos siempre resueltos. Nadie quiere viajar con preocupaciones en la cabeza.

Siempre planifica tus vacaciones con mucha anticipación. Elige las fechas de cada temporada con mucha antelación. Comunica a tus superiores y clientes anticipadamente. Nunca canceles. Experimenta y conoce diferentes lugares. Pero siempre toma vacaciones.

30 Di siempre "sí" a una propuesta de un directivo

Los libros de administración del tiempo y los falsos gurúes, coaches, y profesores de la universidad te dirán que esto está mal, que decir siempre "sí" te muestra que eres débil y que no organizas bien tu tiempo. Pero siempre responde: "puedo hacerlo" cuando alguien importante te pida hacer algo. Incluso si se te pide algo circunstancial tal como regar las plantas en el vestíbulo, hazlo.

Escucha atentamente la solicitud. Escucha. Escucha. Escucha. La persona podría estar sugiriendo una solución, no indicando el problema central. Sin embargo, lo que realmente quiere es el problema resuelto. Evalúa la solución para ver si concuerda con la necesidad. Si no es así, proporciona una alternativa y produce resultados.

No importa cuál sea el pedido, produce un "extra", algo más de lo que se pidió, entrega "antes" una solución, adelántate, produce con tu propio toque de innovación personal.

Las personas que producen los resultados son las que crecen y participan de los mejores proyectos.

31 Nunca sorprendas a tu jefe

A los superiores no les gustan las sorpresas. Obtienen suficiente incertidumbre del entorno empresarial, de sus directivos, de colegas pícaros y de otros empleados. No necesitan que le produzcas sorpresas, buenas o malas. Quieren estar informados. Quieren poder responder a la pregunta de sus superiores y de los accionistas sobre el estado de los proyectos, el progreso de la última crisis y cualquier evento relacionado. Tus directivos quieren tener el control, además de estar informados. Es una descortesía para él y para la organización que produzcas sorpresas.

Hay una razón para esto, si sorprendes a tus superiores, comenzarán a desconfiar de lo que informes. Debes desarrollar la confianza, y para hacerlo hay que comunicar bien y claro lo que uno hace. Buenos o malos, tus superiores están ahí y, por lo general, tienen la mayor influencia en tu trayectoria profesional.

Tu jefe suele tener más información sobre muchos temas de la empresa que no te conciernen. Una sorpresa, incluso si hay buenas intenciones, cuando se mezcla con determinados acontecimientos, puede producir un desastre.

Ponte en el lugar de tu jefe. No son buenas las sorpresas.

32 Haz que tu jefe se luzca, y el jefe de tu jefe se luzca aún más

Obtener un ascenso generalmente requiere que haya una vacante en el organigrama. Tu mejor oportunidad es suceder a tu jefe. Pero no pueden promoverlo a él o ella, a menos que haya alguien que los reemplace. Hacer que se luzcan, mejora las alternativas de crecimiento y, debido a que los ayudaste a lucirse y crecer, entonces querrán que continúes ayudándolos. Les gustará que crezcas, ya sea para reemplazarlos, o para darte la bienvenida para que seas un colega de ellos. Siempre ganas.

Tus directivos no pueden ascenderte sin obtener a su vez la aprobación de sus propios superiores. Si has hecho que el jefe de tu jefe se luzca también, se mejorará toda tu ecuación de ascenso. El jefe de tu jefe es siempre el factor crítico de éxito. A menudo está más interesado e influirá más en tu carrera que tu superior inmediato. Y esto es absolutamente crudo y real si tu jefe no es del equipo que crecerá.

Haz que estas personas se luzcan en la organización al anticipar sus necesidades y problemas y hacer el trabajo adicional necesario para producir resultados.

Mantenlos siempre bien informados. Termina tu trabajo SIEMPRE ANTES de lo previsto. Haz un poco más, siempre que haya un "extra". Percibe tu trabajo a través de los ojos de los demás. Ayuda en todo lo relacionado a traer y cuidar los clientes. Ayúdalos realizando las tareas y haciendo sugerencias como si estuvieras en su lugar. No dejes que se equivoquen.

33 Nunca permitas que un buen directivo cometa un error

Una de las mejores cosas que te pueden pasar para ayudarte a ascender en la corporación es trabajar para buenos líderes. Un buen directivo es quien te entrena para que ocupes su lugar, y cuando finalmente lo ascienden, tienes la oportunidad de progresar. Un buen líder te cuida y espera que lo cuides a él.

No permitas que un buen directivo cometa un error pues puede dañar tu promoción, eso perjudica directamente tus posibilidades de crecer. No permitas que los directivos cometan un error que pueda dañar a tu empresa, porque eso dificulta que la empresa prospere... Y cuanto mejor se desempeñe la empresa; mayores recursos estarán disponibles para producir beneficios.

Si a quien reportas necesita más datos para tomar una decisión, haz tu tarea, no escondas información. Si tu director no está preparado para una reunión, asiste con la planificación con antelación. Si los líderes no son excelentes haciendo presentaciones, refuérzalos con ideas y acciones que luzcan sus fortalezas y reduzcan sus debilidades.

No produzcas preocupaciones marcando el posible error de tu líder personalmente. No seas rudo y engreído diciendo: "estás cometiendo un error" o "hay un error en tu informe". Maneja la prevención de problemas con tacto, y directa, pero con firmeza y diplomacia. Por ejemplo, de esta manera: "Pedro, puede haber un problema en este presupuesto. Pareciera que las cifras de costos están subestimadas. Si usamos diez dólares la hora para la tarifa en lugar de ocho, tendremos un presupuesto más realista y acorde".

Corolario: diles a todos los que trabajan para ti, dentro y fuera de la organización, que nunca deben permitirte cometer un error. Asegúrate de que tus líderes sepan que tienes esa regla.

34 Ir a la biblioteca un día al mes

Sal de tu ámbito de trabajo y tómate un día laboral al mes, o cada tres semanas, para ir a una biblioteca pública o de una universidad. Busca una mesa cómoda y con buena luz para leer, trabajar y organizar todas tus tareas "pendientes". No te detengas en detalles, finaliza rápidamente todas las comunicaciones y tareas triviales. Organiza las grandes tareas en acciones más pequeñas y fáciles de resolver. Actualiza tus notas sobre las personas y clientes que trabajan contigo. Actualiza tu cuaderno de ideas. Realiza todas las comunicaciones de seguimiento (*follow-ups*), comunicaciones a clientes y notas de agradecimiento.

Un buen día de trabajo ininterrumpido en una biblioteca tranquila te permitirá lograr diez veces más de lo que podrías lograr con la misma cantidad de horas en tu oficina. La sensación de haber hecho tanto te dará energía y motivación, te hará sentir en control y te servirá a trabajar en forma más eficiente en tus responsabilidades habituales.

35 Agrega una actividad nueva a tu vida cada año

Para estar calificado para ser un *CEO* de una corporación, debes tener amplios conocimientos, leer mucho y tener muchos intereses variados. Necesitas ver soluciones a tus problemas en las formas que lo hacen muchas otras culturas, conocer la importancia del medio ambiente, disfrutar muchos tipos de música, debes saber cómo construir cualquier cosa, cómo los castores construyen represas, debes poder manejar en cualquier terreno. Necesitas concentrar tu energía y practicar la disciplina.

Agregar una nueva gran actividad permanente a tu vida te preparará para dirigir tu corporación. Aprende un idioma extranjero, cocina china o fotografía. Escribe libros, son importantes para que la gente conozca tus ideas. Dedica tiempo a tu salud, mantiene una huerta que puedas usar en tu alimentación, haz trabajos de voluntariado de cuidado animal. Aprende a tocar una canción de tu agrado en el piano.

Haz una lista de las cosas que deseas hacer en los próximos diez años. No omitas nada que sea un sueño o una aspiración. Cuando piensas que ya no eres tan joven para dedicarte a aprender un deporte, estás limitando tu capacidad para crecer, expandirte o administrar una empresa. Si no tienes tiempo para cumplir una nueva meta, ¿cómo entonces tendrías tiempo para liderar un trabajo más grande con el doble de responsabilidad?

Demuestra tu capacidad para crecer.

36 Estudia estos libros

Adams obvio de *Robert Updegraff.*

Acres de diamantes de *Russell Conwell.*

La biblia.

El arte de la guerra de *Sun-Tzu.*

El libro de los cinco anillos de Musashi Miyamoto.

De la guerra de *Carl Von Clausewitz.*

El príncipe de *Nicolás Maquiavelo.*

Citas familiares de *John Barlett.*

Webster Third New International Dictionary.

El Diccionario de la Real Academia Española.

The Forbes Book of Business Quotations editado por *Ted Goodman.*

Las obras completas de *William Shakespeare.*

Todos los artículos sobre las publicidades de *David Ogilvy.*

Fiesta (The sun also rises), la primera gran novela de *Ernest Hemingway.*

Elementos de estilo de *William Strunk* y *E.B. White.*

Las aventuras de Huckleberry Finn de *Mark Twain*.

Todos los escritos de *Thomas Jefferson*.

Y les recomiendo mis libros, los cuales varios han sido traducidos a más de treinta idiomas.

- ✓ **Cómo convertirse en un competidor feroz**, es oportuno y atemporal. Es una lectura rápida de lecciones y reglas sobre lo que deben hacer los gerentes en tiempos económicos difíciles. Capítulos breves y concisos. Grandes historias de algunas de las mejores empresas más competidoras del mundo.
- ✓ **Este libro**. Al igual que con todos mis libros, es para personas ambiciosas de cualquier edad. Fue un éxito de ventas en NY Times, Wall Street Journal, Business Week y Amazon.com. Fue uno de los cuatro libros míos en ser el número uno en ventas en Francia, Turquía, Singapur, Rusia y Hong Kong. Se publicó en más de treinta idiomas.
- ✓ **Cómo transformarse en Rainmaker** fue seleccionado como uno de los "100 mejores libros de negocios de todos los tiempos".
- ✓ **Los secretos de un Gran Rainmaker** es un libro asociado a Rainmaker. Ambos son esenciales para los vendedores.
- ✓ **Rain: What a Paperboy Learned About Business** es un libro genial. Rain tiene trece años y entrega el periódico matutino en Nueva

Inglaterra. Rain enfrenta desafíos en cada capítulo, que resuelve de manera sorprendente. Se enfrenta a un matón, clientes que no pagan, perros malos y concursos de ventas que debe ganar. La segunda mitad del libro se llama **The Rain Reader**. Los lectores pueden vincular las metáforas de Rain con sus vidas personales y comerciales. **Rain** ganó un "Audie" como Mejor libro de audio empresarial del año en 2010.

✓ **The dollarization discipline** muestra a un gerente cómo monetizar una propuesta de valor cuantificada de sus productos y cómo expresar ese valor en dólares y centavos, libras y euros, o cualquier moneda. Este libro fue seleccionado como uno de los "Treinta libros de negocios del año" en 2005.

✓ **Cómo llegar a ser un gran jefe** es una lectura obligada o recomendada para entrenamientos de liderazgo en muchas de las grandes corporaciones del mundo.

✓ **How To Make Big Money In Your Own Small Business** está dirigido a los propietarios y gerentes de empresas con 1 a 500 empleados.

✓ **Cómo ser un galáctico del marketing**, al igual que con todos mis libros, está repleto de reglas concretas sobre cómo construir marcas, monetizar un valor, escribir comunicaciones e incrementar la participación de mercado. El libro incluye cinco "Desafíos de marketing instantáneos" que ponen a prueba la perspicacia de las personas en el juego del marketing.

✓ **How To Land Your Dream Job** se publicó originalmente como "**No envíe su currículum vitae**". Este libro es un clásico de culto entre quienes buscan trabajo, especialmente los graduados universitarios y las personas que han perdido un trabajo a mitad de su carrera.

✓ **How To Get To The Top**: lecciones de negocios aprendidas en la mesa de la cena. Describe las lecciones que las personas exitosas aprendieron de sus padres, abuelos, maestros, entrenadores y mentores.

A su vez he sido coautor y he escrito prólogos a libros que me han gustado tales como:

✓ **The Transformative *CEO*** junto a *Robert Reiss* hemos descripto los rasgos y características clave que describen a este notable tipo de líder. Llena de conocimientos fascinantes de directores ejecutivos superestrellas, esta guía única en su tipo, lo coloca en primera línea con los hombres y mujeres que han transformado empresas con un éxito espectacular.

✓ **Highest Version of Yourself,** de Camila Tacchi. A Dale Carnegie le hubiera encantado leer este libro de una autora que a los 16 años de edad publicó este, su quinto libro. Camila comparte al lector por qué mantener siempre una mentalidad positiva, una mentalidad enfocada, es clave para el éxito personal. Ella nos insta y nos recuerda que seamos agradecidos, generosos, atentos, éticos, serviciales y apreciemos lo que nos rodea. (¿serán "leyes" esenciales adicionales?).

Deseo que puedan leer todos estos libros y muchos más que puedo recomendarles si me escriben por LinkedIn. Lo importante es que estén en tu biblioteca de libros esenciales para tu trayectoria.

37 Vístete para bailar

Un director de escuela secundaria muy sabio una vez no estuvo de acuerdo con un joven presidente del consejo estudiantil que quería cambiar el estricto código de vestimenta para el baile de segundo año: "si vas a jugar al fútbol, vístete con ropa deportiva para jugar; si vas a bailar, vístete para un baile". La misma lección se aplica a los negocios. Si vas a hacer negocios, vístete acorde a hacer negocios.

En algunos lugares, empresas e industrias, los diferentes códigos de vestimenta reflejan las diferencias y diversidad cultural. Esto está bien, y debes acomodarte a las costumbres que veas. Por ejemplo, en Puerto Rico y Hawai los negocios se realizan a menudo en mangas cortas de camisa. En el campo, los ejecutivos a veces usan botas de trabajo y cascos. Los gerentes de fábricas usan anteojos de seguridad y zapatos con puntas de acero. Estas son excepciones fáciles de entender.

Practica ser *CEO* todo el tiempo y esto incluye vestir bien como para hacer negocios. No tienes que gastar un montón de dinero en trajes a medida o convertirte en un ícono de la moda. Compra un libro sobre cómo vestirse en los negocios, como Dress for Success de

John T. Molloy o New Women's Dress for Success también del mismo autor.

Observa cómo se visten las personas exitosas.

Nota: esta edición está escrita en el año 2021. En muchos ámbitos de negocios se usan trajes y camisas impecables, pero sin corbatas. Esto está bien, pero no desabotones más botones de la cuenta, sólo los 2 primeros es suficiente. Esto aplica a hombres y mujeres. Y lleva siempre una corbata o pañuelos para el cuello en tu valija cuando salgas de viaje, en muchas ocasiones todavía estos accesorios son bien elegantes.

38 Invierte más en las personas

Contrata a los mejores talentos. Atrae, motiva, capacita y recompensa a los mejores. Las empresas que "ahorran dinero" contratando únicamente a personas que pueden "pagar" se entremezclan con la mediocridad en su industria, si aún no están ahí. Es mejor contratar a una persona excepcional a $60,000 que a dos personas promedio a $25,000 cada una. También invierte con beneficios emocionales, tales como brindar a los ganadores confianza, independencia, elogios, libertad, aliento.

Los líderes de las organizaciones saben que las personas son las responsables de que las cosas sucedan. Nunca olvidan esta verdad elemental. Sin un ejército, un general no es nada. Si las personas de tu organización te apoyan, confían en ti, creen en tu trabajo, te respetan, te impulsarán a la cima. Recuerda la balanza de la vida, la gente devuelve solo lo que recibe. Son como espejos que reflejan. Si confías en ellos, confiarán en ti. Si los respeta, te respetarán. Muchos ejecutivos fracasan porque los empleados saben que su líder no es sincero, es deshonesto, temeroso o no es digno de confianza. La gente acepta fallas intelectuales, físicas, culturales e incluso morales en sus líderes. Pero nunca aceptarán un carácter antipopular.

Contrata personas de acuerdo con los tres "I":

- ✓ "I" de Integridad. Primera prioridad.
- ✓ "I" de Impulso, es necesaria la actitud de "puedo hacerlo". Es un factor crítico.
- ✓ "I" de Inteligencia. Si la persona sabe lo que no sabe, o si trabaja un 10 por ciento más que un experto ya es suficiente para considerar que va por el buen camino.

Una vez que encuentres a personas con estas características (son escasas), invierte mucho en ella. Tendrás un gran retorno de la inversión.

La gente no es tonta. No está en el negocio para perder dinero o para cometer errores y enemigos. Todo lo que necesita es una pequeña inversión inteligente, un "extra". El problema no es que la gente en la cual has invertido se vaya a trabajar en otra empresa, siempre tendrá un gran respeto y recuerdo tuyo y podrán seguir haciendo negocios juntos. El problema es que no inviertas en la gente, y ellos se queden contigo sin crecer, hundiéndote en la mediocridad.

39 Paga salarios por encima del promedio del mercado

Si a una persona se le debe pagar $8 la hora, ella lo sabe. Si le pagas $7 te costará cien veces más. Cuando pagas por debajo del precio de mercado, las personas se sienten engañadas. No producirá ningún esfuerzo o avance de un centímetro extra, no se preocupará por cumplirte, de igual forma que tú no te preocupas por cumplir tampoco. Las personas, si cobran menos, encontrarán una manera, mental, consciente o inconsciente, física o económicamente, de castigarte por pagarle injustamente.

Si a una persona se le debe pagar $8 y todos lo saben, págale $9. Obtendrás un retorno mucho mayor al salario adicional que te costará. Porque las personas se esforzarán para justificar la confianza que has puesto en ellas.

Los líderes miopes, torpes, y avaros no entienden esto. Piensan que están cuidando los costos, y no se dan cuenta de lo caro que es no pagar un "extra". Los avaros piensan que la gente debería ya estar feliz por solo tener el trabajo en primer lugar. Creen que la gente no vale el salario que reciben, y no se dan cuenta que son ellos, por pagar mal, los que disminuyen la productividad. A nivel individual, algunas personas no valen lo que ganan y pueden existir en cualquier nivel de la organización. Deshazte de ellos, porque les quitan dinero a los verdaderos trabajadores. El salario de una persona que no lo merece, puede producir una bonificación a quienes sí se lo merecen.

Rompamos mitos. No se puede reducir los gastos de personal y al mismo tiempo ahorrar dinero. Las personas son un activo, que contribuye al rendimiento sobre la inversión. Ganas dinero con la gente. Si una inversión en una cuenta bancaria devolviera el 20 por ciento del capital, ¿reducirías el capital invertido? Por supuesto que no. Aumentarías tu inversión.

Es mucho mejor tener menos personas excepcionales que ganen más dinero del que deberían, que tener los mismos costos de nómina o menores con más personas.

40 Detente, mira y escucha

Los *CEOs* reflexionan. No responden sin pensar. Piensan, consideran, reflexionan, observan, sondean y escuchan. Se detienen a observar y comprender. Frenan sus impulsos antes de decir algo incorrecto. Se detienen antes de tomar una decisión rápida. Se controlan y se toman más tiempo antes de enviar una comunicación con una queja o reclamo. Miran y escuchan un poco más.

Para convertirte en *CEO*, debes dominar el arte y la capacidad de detenerte, mirar y escuchar. Escuchar es muy difícil, especialmente para personas brillantes, enérgicas y agresivas. Debes entrenarte para agudizar tus reflejos y tu escucha completa. Tienes que escuchar y comprender las palabras, pero también los silencios y el lenguaje corporal, lo que no se dice. Al igual que el detective Sherlock Holmes de Sir Arthur Conan Coyle que escuchó al perro que no ladraba. Tienes que escuchar lo que dicen los ojos, las manos y los gestos y la posición corporal. Tienes que escuchar a los clientes, proveedores, supervisores, colegas, no clientes, vendedores de la empresa, competidores, a todo el mundo.

Escuchar te permite ayudar a tus subordinados a no equivocarse. Si ellos se equivocan no has escuchado bien, no lo has previsto. Si ellos son exitosos es que estás escuchando correctamente, sigue así. El desempeño de tu equipo demuestra tu capacidad de liderar y de crecer para llegar a ser *CEO*, recuérdalo.

Se puede aprender a escuchar. Puede practicarse. Cuando alguien habla, deja de hacer lo que estés haciendo, mira a la persona y escucha. Coloca tu teléfono en modo silencioso, no permitas interrupciones cuando escuchas a los demás.

¿Cómo detectar quienes escuchan bien? La gente que escucha se consideran personas con grandes habilidades sociales para establecer todo tipo de conversación con todo el mundo.

Saber escuchar es equivalente a tener sabiduría e inteligencia.

¡Escucha, escucha, escucha!

41 Sé un patriota que iza las banderas

Si quieres ser *CEO* de tu empresa, debes comprometerte totalmente con tu empresa y con tus productos o servicios. Debe comprender y creer en la misión de tu empresa. Debe personalizar la cultura de tu empresa y producir valor. Debes hacerlo de manera incansable, en forma pública y sin reservas.

Debes utilizar los productos, si es posible, y promocionarlos incansablemente entre todas las personas que conozcas.

No vayas a trabajar para una empresa si no puedes, descaradamente, proclamar y promover las virtudes de sus productos. Si no crees en fumar, en las armas, las bebidas alcohólicas o el yogur, entonces no trabajes para las empresas que fabrican esos productos.

Compra acciones de la empresa donde trabajas si están disponibles.

Solo compra productos de tu empresa, si es razonable, y recomiéndalos sin reservas a tus amigos y familiares.

El cinismo o la indiferencia sobre la propia corporación es el sello distintivo de los perdedores, no de los futuros directivos y *CEOs*.

42 Encuentra y completa la falta de datos y de información

En los negocios, cuando alguien dice "yo creo" o "nosotros creemos" o "es mi opinión", eso significa que no saben. Identifica lo que no sabes y lo que tu organización no sabe. Se trata de "lagunas de datos".

No te dejes engañar por la información de las personas "brillantes" de la empresa que solo se hablan entre sí y nunca abandonan la oficina. Camina la calle, sal, conoce los hechos concretos. Habla con clientes y usuarios.

Solo crecen las personas que saben que no es posible que lo sepan todo, pero están dispuestas a trabajar persistente y profundamente para conocer los datos y la información que se necesita saber.

43 Trabaja en tu lista de tareas, ¡en tu HACER!

La mayoría de la gente en los negocios nunca trabaja realmente duro. Fabrican una apariencia ocupada, atareados, y con mucho trabajo. Leen informes, van a reuniones, escriben extensos emails, llenan formularios y pierden tiempo. Este es el "síndrome de la mecedora": mucho movimiento, pero no van a ninguna parte.

Los trabajadores eficientes ocupan la misma cantidad de tiempo, pero la usan intensamente. Hacen las cosas difíciles. Ellos hacen la tarea. Ellos "empujan el lápiz". Realizan las planillas de cálculo, encuentran los datos para hacer el trabajo. Averiguan cómo hacer las cosas. Trabajan en los detalles esenciales de la ejecución. Cubren todas las bases y consideran todas las opciones. Pero, sobre todo, piensan y profundizan.

El empleado de la "mecedora" se prepara para su examen de historia leyendo ocho capítulos diez veces en siete horas. La persona eficiente divide los capítulos, sintetiza la información y memoriza los ocho capítulos en siete horas.

El éxito en los proyectos sirve para pronosticar el clima. Un trabajo bien realizado es el preludio acercado del pronóstico del éxito.

Rodéate de quienes "empujan el lápiz", aléjate de las "mecedoras". Reconoce los líderes que aceptan como suyas las equivocaciones, y reconocen los éxitos a su equipo. Es una forma de premiar a quienes usan el lápiz. ¿Cómo reconocer a la gente eficiente? Quienes usan intensamente el tiempo.

44 Nunca entrar en pánico y nunca te enojes y pierdas la calma

Nada le da a una persona tanta ventaja sobre otra como permanecer tranquilo y sereno en todas las circunstancias.

THOMAS JEFFERSON

Los enojos, quedarse inmóvil, tomar decisiones bruscas e imprudentes, los señalamientos con el dedo y los actos de cobardía son signos de pánico. Los buenos *CEOs* no se asustan. No se enojan. No pierden el control. Mantienen el control para poder mantener el control de la situación. Tienen el "alma calma".

En el curso de la elaboración de un buen vino, uno de los períodos crítico es cuando se exprimen las uvas. Son esas pocas semanas en las que las uvas se seleccionan para la cosecha, se prueba su calidad, se eligen o se rechazan y se trituran para liberar el jugo que eventualmente se convertirá en vino. Los errores o juicios erróneos durante este proceso pueden afectar negativamente a toda la cosecha, lo que da como resultado una reputación dañada y una reducción de los precios y las ganancias.

Hace algunos años, en medio del proceso de exprimido (o aplastamiento) en una famosa bodega, el *CEO* recibió una llamada de uno de sus gerentes que estaba muy nervioso y angustiado. El enólogo había renunciado. El *CEO* infirió instantáneamente el daño potencial de esa dimisión, pero mantuvo la calma, pensó por unos momentos y luego preguntó: "¿qué harías si el enólogo hubiera fallecido en lugar de renunciar?". El gerente respondió que se comunicaría rápidamente con otra persona que conocía el trabajo y estilo que tenían. "¡Contrátenlo!", dijo el líder, y el nuevo enólogo continuó la tradición de la bodega exitosamente durante quince años más.

Si un colega te hace un comentario desagradable, no respondas, pero está bien reírse. Quienes te apoyen se sentirán tan ofendidos como tú. Tus detractores sentirán tu control de la situación. Cualquier otra persona te verá por encima de la discusión. No te enojes. Incluso cuando la ira está justificada, todas las personas rechazan las personas enojadas.

Aprende a no entrar en pánico. Repítete a ti mismo que "alma calma". Si tienes diez segundos para tomar una decisión, reflexiona durante nueve.

45 Aprende a hablar y escribir en forma clara y precisa

Debes aprender a comunicarte. Debes ser coherente y congruente. Se pierde más tiempo y dinero en los negocios debido a una mala comunicación que por cualquier otro motivo. Cada año se desperdician miles de millones de dólares en publicidad. Se gastan miles de millones de horas humanas en tareas incorrectas o innecesarias. Nunca se leen miles de millones de páginas de material de lectura.

La comunicación empresarial debe ser precisa, completa y totalmente comprensible. Tanto la comunicación escrita como la verbal, especialmente la dirección de las tareas, deben ser concretas. Las comunicaciones largas, tediosas, floridas y llenas de adjetivos son un desperdicio.

Evita ser difuso, sé preciso. No se comunica, "muchos empleados llegaron tarde", se comunica, "esta mañana 4 operarios llegaron tarde por aproximadamente 15 minutos". No se dice "visité muchos potenciales clientes", se describe "visité 7 clientes esta semana, 5 durante desayunos de trabajo, uno cada mañana, y dos clientes en la tarde del viernes".

Si tu gente no comprende bien las tareas, no las hará bien. Dedica todo el tiempo que sea necesario para comunicar claramente lo que se debe hacer. La ironía de la comunicación en las empresas es que se comunica mucho sobre la falta de comunicación. La buena comunicación es producto de un trabajo eficiente. Requiere sensibilidad hacia el público y los lectores. Comprende las necesidades de la audiencia, su mentalidad, el tiempo disponible y otras prioridades, cómo absorben la información y su nivel educativo.

Sigue estas pautas para una comunicación clara:

- ✓ Asegúrate de que tu comunicación sea necesaria.
- ✓ Ten un objetivo específico para la comunicación.
- ✓ Elige la forma y el canal de comunicación más simple posible.
- ✓ Haz la tarea y conoce todos los datos e información.
- ✓ Escribe sintéticamente todos tus puntos. No digas "prioricen", en cambio puedes escribir "comiencen las actividades el jueves por la mañana".
- ✓ Organiza el mensaje con prudencia.
- ✓ Escribe un primer borrador.
- ✓ Escribe un segundo borrador.
- ✓ Edita en forma perseverante hasta obtener un borrador final que no supere la longitud de una sola página.

- ✓ Utiliza palabras claras, evita escribir en forma intelectual que haya que ir al diccionario para ver los significados.

Una buena regla general: reflexiona y piensa tres veces más de tiempo del que te dedicas a escribir; al menos reflexiona durante tres horas y escribe durante una.

46 Trata a todas las personas como si fueran especiales

Las personas son mucho más que empleados. Son individuos. Son madres, padres, entrenadores de fútbol, trabajadores sociales y voluntariado, maestros, y seres que le dan valor y contribuyen a la comunidad. Es mucho lo que pueden hacer si se les agradece y reconoce bien su trabajo, y pueden hacer más si están motivados y agradecidos.

Los mejores líderes hacen que la gente sienta:

- ✓ que se les pregunta, no que se les interroga;
- ✓ que cobra salarios por encima del promedio del mercado, no por debajo;
- ✓ que se utilizan métricas para ayudarlos a ser eficientes y no controlados;
- ✓ que son personas, no personal;
- ✓ que se los motiva para hacer las cosas, no que se les ordena;
- ✓ que se les dice que "son importantes", no instrumentos;
- ✓ que son trabajadores, no esclavos;
- ✓ que producen valor, no que son un costo;

✓ que se necesita de ellos, son escuchados y se les presta atención a sus necesidades.

47 Sé un proveedor de reconocimiento en lugar de llevarte los créditos de los demás

Da a todos el 100 por ciento de reconocimiento por el trabajo que hacen. Si tienes cinco personas que te reportan y cada una obtiene el 100 por ciento de reconocimiento, recibirás el 500 por ciento del retorno. Así es como trabaja un buen líder. Un futuro CEO no le echa la culpa a sus subordinados en los problemas del proyecto evitando la responsabilidad del liderazgo. Un potencial CEO no se lleva el crédito de los logros de las personas.

Es como construir una casa: 100 por ciento para el tipo que pone los cimientos, 100 por ciento para quien construye la casa y 100 por ciento para el electricista, y se obtiene un resultado que es muy superior a la suma de las partes.

Muchos gerentes no entienden esto. Piensan que, si su gente sobresale, él se verá eclipsado por el éxito de los demás. Creen que es gracias a ellos que se producen los resultados, entonces se los apropian. Incrédulamente intentan tener siempre la atención para que todo parezca que se debe al liderazgo, y no al trabajo de la gente. Se llevan los méritos de los demás.

El buen líder en cambio, asume la responsabilidad frente a los errores, y reconoce a sus equipos los éxitos.

El usurpador de crédito ajeno es inseguro, deshonesto, prefiere criticar los errores que contribuir a que no se produzcan, ya conocemos quienes son. Hasta el más astuto queda en evidencia con el tiempo a través de los hechos. Los primeros en reconocerlos son los que verdaderamente trabajan, no se sienten acompañados, se sienten juzgados frente a los inconvenientes, e ignorados frente a los aplausos. Luego, a medida que pasa el tiempo, todo el mundo sabe quién roba el crédito de los demás, y quién es verdaderamente el que trabaja.

Concede y realiza siempre el reconocimiento justo por el valor y el trabajo realizado, y serás reconocido como un buen líder, como alguien con quienes todos querrían trabajar, subalternos, colegas, superiores y accionistas. Tus equipos serán eficientes, y tú estarás más cerca de ser el CEO que la empresa requiere.

48 Produce bonificaciones y beneficios no previstos en forma sorpresiva

Si alguien hace un trabajo extraordinariamente bueno en algo, especialmente en algo que no forma parte de su responsabilidad diaria, produce una bonificación acompañada de un público reconocimiento (no esperes que las políticas de compensación de tu empresa lo hayan o no previsto). No esperes la lluvia, sé un hacedor de lluvia. Como todas las políticas corporativas, la de compensación nunca está diseñada para motivar la innovación.

No expliques los criterios para tu sistema de bonificación. Ni siquiera publiques cómo produces tus formas de premiar, la gente se confundirá. Sé impredecible para algunos premios. Un potencial CEO se preocupa de tener un presupuesto para premios para toda la gente que trabaja, en distintas cantidades en diferentes momentos del año.

Todos los que trabajan para ti sabrán que, si hacen un trabajo superlativo, podrían aparecer grandes satisfacciones. Y todos trabajarán en forma eficiente y motivada para aumentar el éxito de los proyectos.

49 Por favor, sé amable con todos

Ten buenos modales, todo el tiempo, con toda la gente. Sé amable. Nunca hagas sentir tu jerarquía. Nunca alardees de tus influencias, ni las uses para no sobrepasar los límites de tu propia autoridad y responsabilidad. No fumes en los ambientes de trabajo, y mucho menos en lugares cerrados o en reuniones o acontecimientos sociales. No utilices malas palabras ni uses un lenguaje vulgar. No pongas los pies sobre un escritorio. No coloques tu cartera o mochila sobre la mesa de reunión. Trata tu oficina, la oficina de todos los demás, los automóviles y todas las pertenencias de la empresa como tus bienes más preciados.

Llega siempre a tiempo a las reuniones, sé puntual. No dejes esperando a la gente, de ninguna forma, ni en el trabajo ni en un evento social o reunión de trabajo. No dejes que la gente espere en una llamada o en una conferencia virtual. Sé consciente del tiempo de las otras personas… No desperdicies ni el tiempo de los demás, ni el tuyo. Llegar tarde es menospreciar a los demás. En especial, cuida a tus subordinados. La cortesía es un buen negocio.

Preséntate siempre a ti, a tu cónyuge y a cualquier otra persona de manera clara y educada. Presenta siempre a tus subordinados a los altos directivos de tu organización.

Di siempre "por favor" y "gracias".

50 Diez expresiones que hacen que las personas se sientan bien, reconocidas y cuidadas

Las personas que se sienten bien consigo mismas y con su trabajo producen excepcionales aportes a los resultados de la empresa. Si trabajan para ti, contigo o cerca tuyo, te impulsarán con su actitud. Decir cosas agradables a las personas las hace sentir bien. Hay una regla de oro: debes ser absolutamente sincero y auténtico. Los demagogos no producen buen negocio. Practica y recuerda decir lo siguiente:

1. "Por favor".
2. "Gracias". (un buen líder tiene motivos para decir "gracias" al menos veinte veces al día).
3. "Te presento a Larry Kessler de nuestro departamento de cuentas por pagar" (una presentación de alguien a tu superior).
4. "Ese trabajo que hiciste en (determinada circunstancia) fue espléndido, de primera clase".
5. "Aprecio mucho y te agradezco tu ayuda".
6. "No escucho nada más que buenas opiniones sobre ti".

7 "Me alegro de que estés en el equipo y que trabajemos juntos".
8 "Necesito tu ayuda".
9 "Ciertamente te has ganado el (reconocimiento, logro, ascenso), te lo mereces".
10 "Felicitaciones".

51 La gloria, los trofeos y el glamour son siempre posteriores a los resultados

Las graduaciones, ascensos, trofeos, felicitaciones, cartas de aceptación a una universidad, notificaciones de aceptación de membresía, premios al vendedor del año, invitaciones al club de los ejecutivos y accionistas y todo reconocimiento similar, representan la gloria y el glamour. Tener una oficina con grandes ventanales con vistas a la ciudad, un auto de lujo, premios de mucho dinero, beneficios, y bienes de lujo son también parte de la gloria y el glamour. Son características visibles del éxito en los negocios. Sin embargo, es el trabajo persistente y determinado, invisible, cotidiano, de todos los días, que muchas personas no ven, aprecian o hacen.

Una vez le preguntaron a un ganador de un Óscar cómo se sentía, a lo cual sonrientemente respondió: "es una gran oportunidad de celebrar y de vestir un smoking, luego de todo me paso la mayor parte del año trabajando con ropa de trabajo, de sol a sombra, con muchas preocupaciones"

Es el trabajo continuado, perseverante, y determinado lo que cuenta y genera la gloria. Son las tareas, las despertadas en las madrugadas, las maratones de trabajo nocturno, el viaje de negocios que nos alejó del calor del hogar, la verificación constante de la calidad, los ensayos de prueba y error, y las interminables horas de progreso lento de milímetro a milímetro lo que se encuentra detrás del éxito. Así es el camino de un *CEO*.

Si no trabajas y no produces resultados evitando los desafíos, no obtendrás la gloria.

52 Disfruta, motívate con los cambios, innova

En los negocios, el fracaso cuesta tanto dinero que casi todas las empresas con más de mil empleados que cumplen con los objetivos evitan el riesgo de la innovación. Quizás el 97 por ciento de las personas en todas las organizaciones tienen miedo y resistencia al cambio y a la innovación. Procrastinan lo inevitable. Son las nuevas ideas y los nuevos productos los que crean nuevos clientes y son la fuente de la vitalidad y supervivencia continua de una empresa.

La capacidad de crear nuevos productos es tediosa, difícil e, independientemente de la retórica de la empresa, casi siempre es complicada. Ser un innovador en una corporación es algo distintivo, es una cualidad que buscan los directorios de las empresas al buscar un *CEO*.

No siempre todo funciona perfectamente al primer intento. Las novelas de éxito y las obras de teatro y cine no logran el éxito después de un borrador. Ningún escritor gana un premio por los primeros textos que publica, muy probablemente lleve tiempo escribiendo y perfeccionándose. Un atleta no gana el oro olímpico sin muchos años de entrenamiento y práctica. El desarrollo de nuevos productos es un laberinto de rutas equivocadas y callejones sin salida. Las ideas necesitan ser probadas, cambiadas y gestionadas para que funcionen. Las ideas sin ejecución son solo expresiones de deseo o sueños...o pesadillas.

Desarrolla una cultura de innovación y reconocimiento por las buenas ideas. Invierte de forma prudente, no gastes mucho de entrada. No arriesgues mucho dinero en la etapa embrionaria. Obtiene feedback de la gente. Diviértete. Juega con los conceptos. Averigua, haz la tarea. Adáptate a cambios para satisfacer mejor las necesidades de los potenciales clientes. Resuelve siempre una necesidad. Lo más importante es probar algo. Prueba esto, prueba aquello. No hables mucho, no tengas reuniones para analizar, no escribas tanto. Concéntrate en HACER algo concreto: crea un concepto publicitario, un prototipo, una prueba.

Luego, modifícala un poco más, mejórala un poco y vuelve a intentarlo. Si es una mala idea, lo sabrás, y descártala. Si es una buena idea, comenzará a brillar, ahora podrás venderla a la corporación. Lo importante es gestionar el riesgo y prever la escalada de la inversión.

53 Del apuro solo se obtienen dificultades

Un mito empresarial que es admirable, es ser un líder agresivo, super seguro y rápido que toma una decisión tras otra. Este estilo podría estar bien para los pequeños desafíos, pues pueden revertirse o modificarse con poco impacto; o podría ser bueno frente a situaciones críticas o catástrofes donde hay límites de tiempo estrechos con un marco de tiempo acotado. Pero las decisiones que se toman a las apuradas son riesgosas.

Hay dos tipos de decisiones: revocables e irrevocables. Conocer la diferencia es lo que indica el estilo distintivo del buen directivo. Las decisiones revocables son decisiones cambiables y se pueden tomar relativamente rápido, porque su impacto es menor y, si es incorrecto, hay tiempo para rehacer todo. Pero cuando son irrevocables, el resultado es permanente, y la organización tiene que afrontar las consecuencias.

Identifica bien qué define una tarea revocable e irrevocable en tu organización. Ser perfeccionista en lo que es revocable en lo general no tiene sentido. Ser muy detallista en las decisiones irrevocables es un requerimiento. A continuación, se muestran ejemplos típicos de decisiones revocables:

- Diseños de oficina.
- Cronogramas de trabajo.
- Campañas publicitarias.
- Precios.
- No tomar una decisión.
- Asignaciones de tareas a los equipos de trabajo.
- Las políticas de la empresa.
- Elegir una compañía de seguros.
- Adquisición de servicios telefónicos.

Generalmente, este tipo de decisiones son irrevocables:

- × Nombres de marca.
- × Adquisiciones.
- × Contrataciones de los principales directivos.
- × Construcción de edificios.
- × Selección de sistemas informáticos.

Siempre debes identificar con rapidez para poder decidir rápido en qué situación te encuentras. ¿Son revocables o irrevocables?

54 Pon tu energía en todo lo bueno que encuentres

Si encuentras algo bueno, no importa cuán prosaico, viejo, probado o comprobado sea, pon tu energía en él. No todos los buenos resultados consisten en resolver un gran problema, desarrollar el producto más espectacular visto, o restructurar un mal equipo de trabajo. El objetivo financiero de una empresa es proporcionar un rendimiento significativo a los accionistas. Todos son accionistas, o son tenedores de acciones, o son empleados sujetos al rendimiento de estas acciones. Los resultados financieros se producen logrando satisfacer las necesidades de los clientes. Si a los clientes les gusta, no lo cambies. No cambies la etiqueta, los ingredientes, el nombre, el precio, la publicidad o cualquier otra cosa.

La organización Disney comprende perfectamente cuando algo es bueno. El ratón Mickey hizo su debut en el escenario hace aproximadamente cerca de un siglo, más concretamente en el año 1928. Al comprender el fenomenal encanto del ratón Mickey, Disney invirtió mucho para crear un ícono estadounidense de clase mundial. Y hoy Mickey mouse saluda a los niños en distintos parques alrededor del mundo, en Estados Unidos, Europa y Asia, protagonizando libros y películas, vende de todo, desde muñecos hasta lentes, y es la estrella de las tiendas Disney.

Procter & Gamble nunca se cansa de decirle a la gente que el jabón Ivory es "99 y 44/100" por ciento puro". De hecho, P&G ha estado usando este slogan durante más de cien años, más precisamente desde 1879. El jabón Ivory sigue siendo uno de los jabones más vendidos del mundo.

No cambies la fórmula del éxito. Más bien, pon toda tu energía en cuidar estos productos.

55 Destaca la importancia en las ideas, no en el origen de la misma

Mantente siempre atento a las ideas que aparecen. No te distraigas analizando cómo se produjo, enfócate en el producto o servicio. Obtén ideas de clientes, niños, competidores, familiares, otras industrias o taxistas. No importa quién pensó en una idea. Lo que importa es quién la lleva a cabo, quien transforma la idea en realidad.

Muchos gerentes no entienden esto. Hay 2 tipos de patentes, los diseños exactos de un objeto, y las metodologías de uso de esos objetos. No hay patentes ni protección para las ideas, solo sirven las ideas que se ponen en práctica de una manera determinada, las que se realizan.

Las personas creativas son hacedoras. Reconocen una buena idea de inmediato. Luego añaden su propia personalidad en la implacable ejecución de la idea.

Las personas creativas no dicen: "¿de quién fue esa brillante idea?" no menosprecian las ideas ni a los que sugieren. No se distraen analizando otra cosa que no sea cómo realizarla y transformarla en realidad.

Las personas verdaderamente creativas se dan cuenta de que tienen un solo cerebro, sin importar cuán fértil sea. De modo que aumentan la probabilidad de obtener buenas ideas al escuchar las ideas de los demás. Si escuchan a cien personas, han multiplicado cien veces su capacidad creativa.

56 Evita el chusmerío y los juegos de intrigas

Muchos ejecutivos piensan que el camino hacia la cima está pavimentado con los cuerpos de sus colegas. Planean avergonzar o degradar a sus compañeros o a toda persona que aparece en su camino. Se los distingue pues critican en público, menosprecian a la gente, son impacientes por los resultados de las personas criticando cualquier error de los demás. Los más básicos son patoteros y peleadores, los más inteligentes usan la ironía y las expresiones con doble sentido. A menudo son serviles de sus superiores, y críticos de colegas y subalternos. Viven arrodillados o atacando por la espalda. Se los detecta fácil, siempre fueron así, sobreviven solo en organizaciones mediocres.

Un ambiente de trabajo con chusmeríos es una de las consecuencias de un liderazgo débil. Probablemente el esquema de compensaciones, premios y beneficios no sea justo ni claro. La estructura de jerarquías incluso puede estar en problemas. En lugar de competir para ganar mercado o hacer actividades por conseguir nuevos clientes, los ejecutivos luchan entre sí, tratan de ganarse la confianza de los accionistas y desperdician el tiempo.

No desperdicies el tiempo. Dedica tu tiempo a crear y alcanzar logros. Ejemplifica con tu actitud y que la meritocracia sea tu política. En las buenas empresas, producir aportes cuenta.

Trata de ser el último en enterarte de las novedades. No te dejes engañar. No permitas que la gente te cuente algo si te anuncia que es "secreto" o "confidencial". No preguntes, no respondas, no te muestres de acuerdo. No digas nada malo de nadie. No digas y repitas chismes. Di: "no lo sé".

Dedica tu tiempo a trabajar.

57 Viste bien y sé saludable

Un poco de vanidad produce que nos sintamos bien. Más que vanidad es autoestima. Cuídate y mantén una apariencia atractiva. Mantente en forma. Córtate el cabello correctamente. Evita la ropa de baja calidad, extravagante y vulgar. Mantén una apariencia saludable al aire libre. Deshazte de la palidez de trabajar encerrado.

No atraigas enfermedades. Piense en forma positiva y saludable. Toma vitaminas. Ten una buena nutrición. Haz ejercicio y come sanamente. El estómago tiene el tamaño de un puño cerrado, no comas en el almuerzo y en la cena porciones de tamaño mayor. Reconoce el estrés nocivo y encuentra formas de relajarte y reducir el estrés. Haz un examen físico anual.

Ten una sonrisa brillante. Cepíllate los dientes y respira fresco. Arregla tus dientes y busca tratamientos y aparatos ortopédicos si los necesitas. Mantén tu cabello, manos y uñas limpias. Elimina la caspa y evita los perfumes fuertes.

Lustra tus zapatos con regularidad. Pon una flor fresca en tu solapa, si lo deseas. Camina con firmeza y gracia. No arrastres los pies. Tu voz mejora al sonreír, habla claro y modula las palabras. Anímate, sonríe.

58 Mira a un buen jefe como modelo, estudia a los grandes líderes

La mayoría de las personas pueden contar con los dedos de sus manos a sus mentores y maestros memorables, desde el preescolar, primaria, secundaria hasta la graduación de estudios de grado y postgrado. Lo mismo ocurre con los líderes y mentores. Es particularmente cierto en los negocios. Los buenos jefes no son comunes. Hay mucha gente agradable y hay algunos que son un desastre. Pero el encontrar un gran jefe, es una rareza.

Es quien enseña sin sermonear. Quien sabe reconocer los méritos de los demás y quien alaba las habilidades de la gente con quienes trabaja. Los grandes jefes son creadores de metas desafiantes y justos. Son honestos. No confunden egocentrismo con autoestima. Impulsan y motivan a la gente a crecer sin prejuzgar, sin criticar delante de otros, y en especial no le dan importancia a la burocracia corporativa. Algunos pueden tener estilos muy particulares, tener caprichos, incluso toques de mezquindad. Pero siempre tienen experiencia, son trabajadores, de mente abierta e inteligentes, y principalmente ayudan a crecer y dan valor.

Busca a esas personas durante toda tu carrera, en especial al principio. Trabaja para ellos. Míralos de cerca. Mira cómo manejan las críticas y los problemas. Aprende cómo manejan a las personas. Descubre cómo hacen las cosas.

Aprende su estilo.

59 No te excedas del presupuesto

Haz tu trabajo a tiempo y dentro del presupuesto. Inclusive esfuérzate por terminar antes y no usar el límite, sé previsor. Los altos directivos promueven a las personas que cumplen los objetivos y que producen resultados. Excederse en el presupuesto causa problemas. Las empresas siempre están bajo presión para reducir costos. Los excesos presupuestarios intensifican la presión.

No seas como los organismos públicos o las organizaciones que no cuidan la comunidad y el medio ambiente. Incluso en la escala más pequeña de una corporación, es necesario respetar el presupuesto. La gran responsabilidad de supervisores, gerentes y directivos es conocer claramente cuáles son sus objetivos y planificar y fijar el precio y uso de los recursos en forma prudente e inteligente.

Los presupuestos ajustados promueven la creatividad, el ingenio y la inventiva. Considera un presupuesto ajustado como un desafío.

Encuentra formas nuevas y menos costosas de hacer las cosas. Se mejorarán los resultados de la corporación y tu trabajo será apreciado.

60 Nunca subestimes a un oponente

Los oponentes pueden ser competidores, gerentes rivales o comités de compras. Los hay de todas las formas físicas posibles: hombre, mujer, gordo, delgado, viejo, joven, nerd o carismático, entre centenas de categorías más. No categorices la gente, no subestimes, no prejuzgues, respeta a todos. Los oponentes pueden enérgicos, tartamudos, manipuladores o deportistas. No te dejes engañar por la apariencia o la reputación. No te vuelvas demasiado confiado ni presumido. No des nada por hecho. No asumas lo que no puedes verificar. Nunca subestimes la inteligencia, la resistencia o la habilidad de un oponente. Nunca subestimes su capacidad para el bien o el mal, incluida la hipocresía, la deshonestidad y la astucia.

Si subestimas a un oponente, es posible que termines aprendiendo lecciones a los golpes. En cambio, si sobrestimas a un oponente, es posible que te sorprendas gratamente.

61 Ignora a los tóxicos con una sola frase

Uno de los obstáculos más peligrosos para la carrera de uno es la gente tóxica. Suelen prosperar en una empresa a costas de los demás, y en el medio de juegos de manipulación e intrigas de la oficina. Pueden estar en cualquier parte. Puede ser tu jefe, un colega, un subalterno. Siempre es deshonesto, ambicioso y traicionero. Se los reconoce pues atacan a la gente con talento y trabajadora, son sus verdaderos rivales en la competencia por los resultados. La persona tóxica persigue a todos los rivales potenciales, pero los gerentes que quieren crecer y la gente con talento probablemente sean sus víctimas favoritas pues al trabajar corren más riesgos y cometen más errores. Los tóxicos no comenten errores pues no trabajan, roban el crédito a quienes sí lo hacen.

Mark Twain hizo una brillante observación sobre la falsedad. Twain escribió en su ensayo "consejos para la juventud" que "la verdad no es difícil de matar", pero "una mentira bien contada es inmortal".

Las personas tóxicas se exponen al atacar a otros y no pasa desapercibido para un observador sagaz. Estos dos rasgos son su vulnerabilidad: exponerse y atacar.

Cuando en una conversación con un colega se desvía el tema hacia una persona tóxica, y sabes que eres un objetivo, simplemente di: "por supuesto, con la persona X, nadie se salva".

Tu colega, conociendo el estilo de X, asumirá que él también ha sido un objetivo reciente. Listo, has logrado desactivar a un tóxico. Cuídate, no subestimes a la mala gente.

62 Hazte miembro del club "no debería haberlo hecho"

La gente que pertenece al club "debería haber hecho" siempre dice, "debería haber hecho eso"; "podría haber hecho esto otro"; o "yo hubiera hecho eso si …". El club "debería haberlo hecho" está lleno personas que no hacen nada, que son reacios al riesgo. Ellos nunca lo intentan. Tienen tanto miedo de perder que nunca intentan ganar.

El club "debería haberlo hecho" es aburrido. Los miembros nunca se cortan ni tienen equivocaciones. Nunca fallan un tiro al aro de básquet en el último segundo. No hay reprimendas para ellos. No hacen olas. No hay un Arnold Palmer o Chris Evert o Larry Bird o Leo Messi, o Kobe Bryant, o Emanuel Ginóbili o Elon Musk en este club.

El club "no debería haberlo hecho" es el club donde hay que ser miembro. Este la comunidad de ganadores. Cada vez que te lamentas al decir "uf, no debería haber hecho eso", habrá otras diez ocasiones en las que los resultados demostrarán que si deberías haberlo hecho.

Sin osadía no hay gloria.

63 El concepto no tiene que ser perfecto, pero la ejecución sí

Si esperas el momento perfecto, el producto nuevo perfecto, que las condiciones sean las adecuadas, nunca podrás empezar. Incluso en las mejores empresas los productos son resultado de una mejora continua. Si el concepto es mejor que cualquier otra cosa y satisface una necesidad de mejor forma que lo que hay en el mercado ahora, hazlo. Si existe una mejor manera de hacer algo, inténtalo. Lo perfecto es enemigo de lo bueno.

En el desarrollo y la introducción del concepto trabaja con una meticulosa atención a los detalles. No dejes nada sin hacer. Desarrolla el producto a tiempo. Asegúrate de que los precios, la publicidad y todo lo demás sea acertada. En forma independiente de lo que estés intentando ofrecer, desde un nuevo producto hasta un nuevo proceso de fabricación o un desarrollo inmobiliario, es la excelencia de la ejecución lo que determinará el éxito o el fracaso. Recuerda que la excelencia es resultado de una mejora continua.

64 Registra y colecciona tus equivocaciones con orgullo

Los errores son necesarios, son etapas, indican acciones en áreas nuevas y sin experiencia. Son momentos de aprendizaje. Mantén un registro de ellos en una sección de tu cuaderno de ideas (consulte el capítulo 9). Reflexiona exactamente qué hiciste mal, dónde realizaste el movimiento equivocado, qué te motivó a arruinarlo. ¿Qué te impulsó a decir algo incorrecto? ¿Estabas enojado, actuando inmaduro, chusmeando o fanfarroneando? ¿Omitiste un paso en la tarea, ignoraste un detalle aparentemente menor o fuiste vago? Sé tu propio árbitro el lunes por la mañana.

Cualquiera que sea la causa raíz de tus equivocaciones, regístrala. Probablemente nunca la volverás a hacer. Toma notas sobre lo que aprendiste, cómo manejarías la misma situación nuevamente.

Reconocer los errores es un signo de seguridad y confianza. Demuestra voluntad de probar cosas nuevas y emprender empresas inciertas. Las equivocaciones son camino del HACER, de la gente activa y que hace.

Un registro de errores es a menudo el recuerdo de una persona muy exitosa. Mira también tus aciertos y repítelos, pon tu energía en lo que hiciste bien para repetirlo. La energía en los errores es para aprender y no repetir, la energía en los aciertos es para apreciar y repetir. Ambos son las caras de una moneda, aprécialas.

65 Vive el presente, planifica el futuro, y olvida el pasado

Tu organización, tu familia, tus clientes, todos te preguntan lo que puedes hacer hoy, y como los puedes ayudar en el futuro. El pasado solo sirve para presentar tus credenciales.

No puedes vivir en el pasado. Así que no lo intentes. No te preocupes más por el ayer y no caigas en la melancolía. Prosigue con tu vida hoy. Hoy es muy importante. Hoy será un día como quieras que sea.

Planifica para mañana. Será un buen día.

66 Diviértete, ríe

Los negocios ya de por sí son lo suficientemente complicados como para también no disfrutarlo. Si tu trabajo no es te gusta, debes cambiar de trabajo o encontrar formas de agregar algo de diversión.

Si puedes hacer que el trabajo de los demás sea placentero, ellos trabajarán más efectivamente y de manera más creativa, y se sentirán más satisfechos con sus carreras y vidas. Un ambiente de trabajo que es constantemente estresante y osado, donde siempre te sientes seriamente presionado es ineficaz, y no es saludable.

El gerente que es capaz de mantener el sentido del humor y aligerar la presión de sus compañeros siempre tendrá un equipo motivado y feliz.

El humor es una señal de inteligencia. Esa es una cualidad deseada en los directivos y *CEOs*.

67 Trata a tu familia como a tu cliente más importante

Es muy fácil permitir que tu carrera empresarial monopolice todo tu tiempo y energía. Cuanto más orientado a la acción seas, más responsabilidades y tareas hay por hacer. Forzar a tu cónyuge e hijos a ocupar un segundo lugar es un error que puede costarte perder la familia y la carrera.

Necesitas el apoyo de tu familia y tu familia necesita tu apoyo. Te ayudará en tu carrera. Necesitas un cónyuge entusiasta que comprenda que es necesario algún sacrificio. Tu familia debe ser tu aliado en tus planes futuros.

Pon a tu familia en tu calendario. Programa tantos partidos de fútbol como sea posible. Programa vacaciones. Sal temprano del trabajo para acompañar a los hijos en sus actividades. Sorpréndelos para almorzar un día. Agrega los eventos familiares en tu calendario y las tareas con ellos en tu lista de "cosas por hacer". Dales una alta prioridad en tu vida. El tiempo de buena calidad con tu familia te traerá incontables recompensas.

Cuando tu cónyuge o tus hijos te hablen, deja el teléfono, o computadora o el libro o silencia el partido que ofrecen en la televisión, gira tu vista hacia ellos y míralos mientras hablan. Fortalecerás tu relación con ellos y practicarás tus habilidades para escuchar al mismo tiempo. También es una actitud de buena educación.

Responde a tu familia como lo haces con las prioridades de tu trabajo o con ese gran e importante cliente que tienes.

68 Sin objetivos no hay gloria

En el básquet, fútbol y muchos deportes necesitas goles para ganar. Un gol o un tanto es el resultado de un esfuerzo exitoso. Sin goles y sin puntajes, no hay victorias ni gloria. En los negocios, sin metas, no hay logros. En la vida, si no hay metas ni propósitos, no hay crecimiento, hay un vacío.

Debes establecer metas para ti mismo. Las metodologías de gestión del tiempo insisten en que el establecimiento de metas es el primer paso para controlar el tiempo. Las metas dan forma a los planes, dirigen las energías y enfocan tus recursos. Si no colocas una dirección de destino en tu teléfono en tu aplicación de mapas, no sabrás el tiempo que necesitas para llegar ahí, ni los recursos que necesitarás.

Debes anotar tus objetivos en tu cuaderno de ideas (consulta el capítulo 9). Debes tener al menos dos conjuntos de objetivos: uno para tu carrera empresarial y otro para tu vida. Tus metas deben tener calendarios de veinticinco, diez, cinco y un año. Tus metas anuales deben dividirse en doce pasos mensuales. El mes debe dividirse en pasos semanales.

Debes crear una lista de "tareas" anual, mensual, semanal y diaria. En tu lista de "cosas por hacer", escribe las cosas que tienes que hacer para alcanzar tus metas. En tu lista diaria de "cosas por hacer", coloca alguna acción que lo acerque a tus objetivos a largo plazo. Esto te mantendrá enfocado.

Si no tienes metas, no llegarás a ninguna parte.

No te preocupes por el carácter permanente de ellas. Sé flexible, y recuerda: el HACER muestra caminos que no tenías previsto, las metas engendran nuevas metas.

69 Recuerda siempre los nombres y las fechas especiales de los cónyuges de tus subordinados

Una carrera empresarial produce mucha exigencia a una persona. Su éxito depende en gran medida de la contribución de las personas de su equipo. Cuanto más puedas aligerar la carga del trabajo, más lejos podrás llegar con esa carga en la espalda. Un cónyuge puede ayudar o producir obstáculos. Él o ella pueden comprender y brindar apoyo o pueden demandar y quejarse. Él o ella pueden motivar o desmotivar a tu subordinado, pueden darle soporte a trabajar horas extra o viajar. También el cónyuge puede echar a perder todo el esfuerzo que tu subordinado hace y desconcentrarlo. El cónyuge es un aliado esencial e importante para la corporación; o contrariamente, una pesadilla y enemigo.

Esto es de sentido común, pero las corporaciones a menudo olvidan al cónyuge y lo dejan fuera de la ecuación.

No te olvides de la familia de tus colaboradores. Cuando tengas la oportunidad, agradéceles personalmente su apoyo. Permite a tus subordinados retirarse temprano o tomar días personales en los días importantes de su familia para que esté siempre presente con ellos. Cuando la gente esté en una reunión de ventas nacional, envía una atención al cónyuge. Cuando estés de viaje y un colega quiera o se sienta obligado a invitarte a cenar, asegúrate de invitar también a su cónyuge.

Organiza salidas a restaurantes o escapadas de un "fin de semana para dos" como premios a tus empleados para que disfruten juntos el reconocimiento por un trabajo bien realizado.

Ten en cuenta a los cónyuges, registra en tu calendario las fechas especiales de ellos. Todos estarán un poco más felices.

70 Percibe el trabajo a través de la mirada de los vendedores

Una de las verdades más antiguas de los negocios es "no pasa nada hasta que alguien vende algo". Los contadores no registrarán movimientos en la contabilidad, los fabricantes no producirán ningún pedido y los gerentes no tendrán proyectos que gerenciar... Al menos hasta que alguien venda algo. Muy pocos productos se venden solos. La mayoría tiene que venderse. Alguien tiene que conseguir el pedido, poner el producto en el estante, conseguir que el cliente haga la compra y la pague. Vender es la tarea más importante de la empresa.

No importa cuál sea tu función en la corporación, no importa qué tipo de organización sea, e independientemente del producto o servicio que ofrezcas, debes percibir el trabajo a través de los ojos del vendedor. El vendedor es quien se reúne cara a cara con el cliente, él es quien escucha las quejas y los reconocimientos por el trabajo bien hecho. Él recibe los reclamos o los nuevos pedidos de compra.

Pasa tiempo con los vendedores, acompáñalos a los clientes. Vende y trae clientes si puedes. Viaja con los vendedores. Haz comunicaciones con potenciales clientes. Asiste a los congresos y reuniones de ventas. Participa en capacitaciones con ellos. Aprende lo que sucede con los clientes.

Esto te otorgará credibilidad y prestigio con la fuerza de ventas, quienes son siempre un grupo con influencia en cualquier corporación. Generarás confianza a los equipos de ventas, siempre un grupo poderoso aliado en una corporación. Sabrás qué motiva y qué desmotiva a los vendedores. Tendrás conocimiento, y saber qué ocurre, es una fuente de gran poder.

Trabaja en con los vendedores y clientes, y ellos trabajarán para ti forjando tu carrera hacia la cima de la organización.

71 Aprende a vender, trae clientes, vende, vende, vende

Tienes que aprender a vender sí o sí. Si deseas que tus equipos de trabajo logren en tiempo los proyectos, o si deseas la aprobación de tu jefe en tu última propuesta al directorio, o si deseas que te asignen a un proyecto importante, debes hacer el pedido. Necesitas aprender a hacer llover, entrénate para ser un *hacedor de lluvia*, un *Rainmaker*. Los *Rainmakers* son quienes traen los ingresos que necesita la organización. Hay un millón de libros de ventas. Lee algunos. Lee mi libro *Cómo transformarte en Rainmaker*. Debes convertirte en un vendedor firme y seguro que cumpla los pedidos.

Para ser un vendedor exitoso, no es necesario tener una personalidad extrovertida ni el don de convencer a la gente. Tienes que hacer lo siguiente:

1 Determina las necesidades de los "clientes".
2 Determina cómo tu "producto" satisface las necesidades de los clientes.
3 Desarrolla una actitud inquebrantable de perseverancia y tenacidad.
4 Realiza muchas comunicaciones de ventas.
5 Pregunta por los pedidos. Sé concreto.

6   Estate preparado para hacer todas las acciones y reuniones de ventas necesarias para obtener el pedido.

Los vendedores persistentes y tenaces saben que los números están a su favor. Saben que el 25 por ciento de todos los cierres de ventas se realizan simplemente solicitando el pedido. Saben que el 75 por ciento de todos los cierres de ventas se realizan en la cuarta acción o reunión o en la siguiente. Saben que el 90 por ciento de todos los vendedores nunca solicitan el pedido. Saben que el 95 por ciento de todas las reuniones son en realidad reuniones sociales, no hay ventas ahí. Saben, por lo tanto, que hay poca competencia para un vendedor persistente y tenaz. Saben que hacer más acciones y solicitar concretamente el pedido es la fórmula del éxito.

Persistencia, tenacidad, actitud.

72 No construyas imperios

Muchos gerentes piensan erróneamente que tener el mayor presupuesto o la mayor cantidad de personas que dependan de ellos es una garantía para obtener el puesto más alto. En realidad, es el gerente que produce más resultados haciendo el trabajo con menos, menos personas y menos dinero, el que más necesita la corporación.

Nunca te quejes de que se espera que hagas más de lo que te permite tu presupuesto. No seas el gerente que constantemente necesita contratar personas y que siempre está agregando recursos a su departamento. No uses la falta de recursos como excusa.

Olvídate del imperio. La promoción y el poder van a los hacedores de resultados, no a los administradores de personas.

73 Impulsa productos, no documentos

Las corporaciones modernas están atrapadas en un terrible dilema. Necesitan agilizar los procedimientos y reducir la burocracia. Necesitan ser innovadores, administrar la gestión de cambio, y producir riesgos prudentes. Necesitan un espíritu emprendedor. Las corporaciones necesitan dedicar todos sus recursos, dinero, tiempo, personas y fábricas, a buscar clientes y desarrollar el mercado. Pero las corporaciones se enredan en el medio de la burocracia y la mediocridad resultante.

Las corporaciones temen al espíritu empresarial de los empleados. No pueden manejar las personalidades que construyen negocios. Quieren ovejas pero que produzcan resultados como pastores. La mayoría de los gerentes no pueden lidiar con el estilo informal y disruptivo con las políticas y procedimientos de las personas con ideas y creadores de negocios. Se sienten amenazados por el espíritu emprendedor. Las corporaciones quieren informes mensuales, cuentas de gastos detalladas, evaluaciones de personal en papel, encuestas, registros telefónicos, informes trimestrales, informes de fin de año, planes de negocios anuales de cien páginas, planes de contingencia y cientos de otros requisitos que agotan y cansan a la gente productiva, peor aún, ninguna de estas actividades genera ingresos de dinero a la empresa.

No te enredes en la burocracia y en documentos e informes. No aceptes perder tu tiempo y el de tu empresa. Los informes mensuales son estúpidos, son una consecuencia automática e instantánea del trabajo diario, no inviertas tiempo en ellos. Son documentos largos, aburridos, tardíos y de escritura creativa de actividades del pasado. No escribas ningún reporte. Si insisten, crea un mecanismo de seguimiento de actividades que sea automático y que no lleve tiempo hacerlo, y rota la gestión entre todos los miembros de tus equipos. Todos. Cada persona que escriba lo que quiera. No alientes al redactor del informe a copiar a nadie (ahorra tiempo de copiar, pegar, modificar, y corregir). No te molestes en leerlos. Si necesitas un reporte para saber dónde estás, es que no sabes dónde estás ni lo que haces.

Tampoco escribas minutas de reunión que nadie leerá, ni informes de viaje o cualquier cosa que no mejore directamente tu empresa. Produce resultados, no documentos.

74 Enseñar es aprender y liderar

Acepta siempre la oportunidad de realizar capacitaciones en tu empresa. No importa cuál sea tu trabajo, puedes mejorar tu empresa enseñándoles a los demás lo que haces (y lo que hace tu personal), por qué lo haces, cómo lo haces y cualquier cosa relacionada con tu responsabilidad. Si estás en finanzas o relaciones laborales. Si eres responsable de la publicidad o de la investigación de mercado, enséñales a todos los trucos de los comerciales de televisión y el diseño de cuestionarios para los clientes.

Si tienes que enseñar, entonces prepararás tu presentación. Tu preparación requiere tarea, organización, síntesis y práctica. El estudio y la disciplina necesarios te ayudarán a dominar y aumentar tus conocimientos.

Una buena preparación y práctica producirán una buena presentación. Una buena presentación te otorgará una reputación de experto en tu trabajo en toda la empresa. También te familiarizará con muchas personas de otras áreas de la empresa. Crearás fuertes círculos de influencia.

Enseñar mejorará tu capacidad para explicar por qué tu responsabilidad es fundamental para la empresa. Tu público llegará a creer que eres fundamental para la empresa.

75 No te dejes desalentar por los asesinos de ideas

Las empresas están llenas de asesinos de ideas. Los asesinos de ideas vienen en todas las personalidades, cargos, formas y tamaños. Los asesinos de ideas dicen cosas como "lo hemos intentado antes", "la dirección no lo comprará", "no podemos pagarlo" y otras cien expresiones que solo resumen el temor al cambio, la ignorancia y la mediocridad.

Una de las expresiones asesinas más comunes es el insufrible "no funcionará", peor aún es "no puedes hacerlo". Esto es particularmente frustrante porque generalmente proviene de personas de alto nivel y con experiencia en la empresa. Los jóvenes que no saben que algo no se puede hacer se frustran. Los que no hacen nada, trabajan para que sus profecías alimenten el statu quo.

Durante los embargos de petróleo de la década de 1970 y la presión subsiguiente para aumentar la eficiencia de kilómetros por litros de los automóviles, una de las principales automotrices les dijo a sus ingenieros superiores que redujeran drásticamente el peso de los automóviles. Los ingenieros experimentados, encarcelados en jaulas de viejas costumbres, dijeron que hacer coches más ligeros no se podía, que era demasiado caro y que presentaba problemas de seguridad. Entonces, la compañía de automóviles contrató a muchos ingenieros jóvenes e inexpertos. Los nuevos ingenieros quitaron cientos de kilos de peso innecesario de sus autos. Simplemente no sabían que no se podía.

No te rindas. No te rindas. No te rindas. Las personas con ideas crean negocios. Los creativos y desafiantes del status quo llegan a la cima. No dejes que los asesinos de ideas te impulsen a la mediocridad. Piensa con valentía. Ejecuta con entusiasmo. Sé osado. Concéntrate en tu HACER. Lucha contra la inercia en la empresa. Un poco de éxito atraerá colaboradores y seguidores de todos los rincones de la empresa.

Considera a los asesinos de ideas como algo positivo, como un incentivo para que estés motivado por hacerlo mejor aún. Trata su negativismo como una razón para hacer más deberes. Trabaja más duro en las cosas necesarias para que tu idea funcione.

JEFFREY J. FOX

Epílogo

Gracias por leer este libro. Ahora abre el libro en una o dos páginas al azar. Pon tu dedo en una sección y haz lo que está escrito.

Estarás más cerca en tu camino para transformarte en *CEO*.

JEFFREY J. FOX

Agradecimientos

Este libro ha sido hábilmente editado por Laurie Abkemeier en Hyperion y está representado por Doris s. Michaels Literary Agency, inc en Nueva York y la presente edición la publiqué directamente en Amazon Direct Publishing.

Estoy interesado en tus comentarios, pensamientos, adiciones y en cualquier ejemplo positivo del uso de las pautas de este libro. Escríbeme en LinkedIn.

Gracias

JEFFREY J. FOX

JEFFREY J. FOX

Jeffrey es un prestigioso consultor de organizaciones de primer nivel en todo el mundo. Es mentor de accionistas y altos ejecutivos.

Fox Business Advisors se dedica a ayudar a los clientes a aumentar los ingresos y los márgenes brutos. Ha escrito 14 libros considerados éxitos en ventas a nivel internacional, traducidos a 30 idiomas y bestsellers en muchos países. Efectúa seminarios y conferencias regularmente con organizaciones y fuerzas de ventas.

Antes de fundar Fox Business Advisors, Jeffrey ocupó puestos de responsabilidad en tres empresas de marketing industrial y de consumo masivo. Fue vicepresidente de marketing y vicepresidente corporativo de Loctite Corp., ahora Henkel / Loctite. Fue director de marketing de las divisiones de vinos de The Pillsbury Company. Fue Director de Nuevos Productos de Heublein Inc., ahora Diageo. Las tres empresas se convirtieron en clientes de Fox Business Advisors.

Jeffrey es el ganador del "Premio al mejor vendedor" de la revista Sales & Marketing Management, también al "Mejor Vendedor en Connecticut" de la American Marketing Association y el premio de la Asociación Nacional de Distribuidores como "Mejor vendedor" de Estados Unidos.

Sus libros son un caso de estudio de Harvard Business School y es categorizado como uno de los 100 mejores estudios de casos. Se estima es el caso de marketing más enseñado en el mundo.

Jeffrey se graduó de Trinity College en Hartford, CT, donde fue becario del área del Capitolio. Obtuvo su MBA en la universidad de Harvard. Se ha desempeñado como fideicomisario electo de Trinity College, donde ha ganado varios premios de exalumnos, incluido Persona del año. Formó parte de la Junta Directiva del Hospital Saint Francis, uno de los 100 mejores hospitales de los Estados Unidos.

.

www.ingramcontent.com/pod-product-compliance
Lightning Source LLC
Chambersburg PA
CBHW052320220526
45472CB00001B/201